Angie Sebrich

# Nichts gesucht und viel gefunden

Angie Sebrich

# Nichts gesucht und viel gefunden

Von der Medienfrau zur Herbergsmutter.
Mein fast normales Leben

HERDER
FREIBURG · BASEL · WIEN

Originalausgabe

2. Auflage

© Verlag Herder GmbH, Freiburg im Breisgau 2008
Alle Rechte vorbehalten
www.herder.de

Satz: Dtp-Satzservice Peter Huber, Freiburg
Herstellung: CPI Moravia Books, Pohorelice

Gedruckt auf umweltfreundlichem,
chlorfrei gebleichtem Papier
Printed in Czech Republic

ISBN 978-3-451-03016-1

*Für Lisa und Lena*

# Inhalt

Neun Uhr abends. Ich sitze am PC, am Fenster meines Schreib-, Schuh-, Klamotten- und „Kruschtl"-Zimmers. Im Gästeraum nebenan gackern acht von achtzig Sechstklässlern. Ich blicke auf die gegenüberliegenden Sudelfeld-Lifte, die dämmrig-fernen Gipfel des Wilden Kaisers und schaue den Wolkenbatzen nach. Will meine Gedanken sortieren. Jetzt trampeln gefühlte 200 Schüler durch den Gang. Alle schön an meinem Stübchen vorbei. Türen knallen, Mädels kreischen und flüchten, die Jungs stolpern stimmbrüchig-schreiend hinterher. Und dabei soll ich eine knackige Einleitung schreiben? Wurscht. Ich fang einfach mal mit dem Naheliegenden an – ich stelle mich vor.

Apropos „vor". Vor einigen Jahren saß ich – wahrscheinlich zu ähnlich abendlicher Stunde – noch in meinem Büro im Münchner MTV-Gebäude. Ich war „Leiterin Kommunikation" des Musiksenders für den deutschsprachigen Raum. In diesem Sommer des Millenniumsjahres 2000 ging es darum, MTV's Marktführerschaft vor dem Konkurrenzsender Viva aggressiv zu kommunizieren. Was war das für eine spannende Zeit! Viel Stress, aber auch viel Spaß. Glamour und Glitzer, Party und Politik, Macher und Musik. Ein ziemlich cooler Medienjob. Was auch dazugehörte: Termindruck und Deadlines, Hektik und Herzrasen, schachtelweise Zigaretten und literweise Kaffee, ein Meilensammel-Leben zwischen Meetings, Mittags-Sandwiches, Präsentationen, Telefonaten und E-Mails.

Der ganz normale Alltag halt, wenn man auf der Karriereleiter ein paar Sprossen erklommen hat. Freizeit hatte ich eher in homöopathischen Dosen.

Ich selbst, oder vielmehr: mein vernünftiges „Kopf-Ich", habe diese Tatsache während meines Manager-Daseins gar nicht als so tragisch empfunden. Es war halt einfach so. Man schaut nicht auf die Uhr in so einem Job. Und Erfolg zu haben macht ja auch Spaß. Dennoch kam es im September 2000 zu jener schicksalhaften Begegnung, die den Ausschlag dafür gab, dass ich heute ein komplett anderes Leben führe. Im wahrsten Sinne des Wortes, denn inzwischen führe ich – zusammen mit meinem Mann – eine Jugendherberge in den Bergen. Hoch droben auf 1 200 Metern arbeite und wohne ich: in der Jugendherberge Sudelfeld bei Bayrischzell. Mein emotionales „Bauch-Ich", meine innere Stimme, hat gejubelt! Denn zu MTV-Zeiten mit Stressstufe „Rot" gab das Bauch-Stimmchen manchmal schüchtern zu bedenken, dass der Job doch nicht alles im Leben sei. Nach und nach kam mein vollgedröhnter Kopf ins Grübeln. Irgendwann schaffte es die innere Stimme dann, selbst die lauteste Musik zu übertönen. Bis ich sie hörte.

Und heute? Bin ich nicht nur Herbergs-, sondern auch Zwillingsmama. Plus Hund und Katzen. Heute heißen meine Events Dorffest, Sonnwendfeuer oder Kindergeburtstag. In meinem Kleiderschrank ersetzen Dirndl mehr und mehr die Moschino-Fummel, über die sich der Secondhand-Laden freut. Mein Leben hat eine völlig neue Qualität bekommen. Es ist ehrlicher geworden, authentischer. Mit weniger polierter Coolness im Dunstkreis von Künstlern und weniger „Zwiebelfisch-Atmosphäre". Zum Verständnis: Ein Zwiebelfisch ist ein geselliger Oberflächenfisch, häufig auf gaaanz wichtigen Partys, Mediennächten und hippen VIP-Treffs anzutreffen. Was mich angeht: Ich bin zwar noch so gesellig wie eh und je, manchmal auch mit dem Weißbierglas in der Hand anzutreffen, aber ich schwimme heute locker auch im tiefen Teich. Und schau mir all die hübschen Plaudertäschchen aus der Ferne an. Manchmal auch aus direkter Nähe. Denn wenn mich der Bergkoller packt (der tritt bei mir regelmäßig nach extrem langer, ununterbrochener Bergbürgerschaft und Infrastruktur-Abstinenz auf), dann muss ich „ins Tal", muss wieder die Stadt spüren mit ihrem brodelnden Treiben und die geliebten Einkaufsstraßen entlangpilgern. Will alte Kollegen treffen oder abends bei einem Medientreff einlaufen. Doch bald fangen Hektik und Verkehrslärm an, mich zu nerven. Damit ist der Bergkoller kuriert und ich kann es kaum erwarten, nach Hause zu kommen. Dahin, wo ich meinen Platz gefunden habe. Kinder knutschen. Mann minnen. Hund herzen. Team triezen.

Mir sind menschliche Wärme und Familienleben wichtiger geworden als Small Talk und Terminplaner. Meine Werte haben sich verschoben in Richtung „back to the roots". Ich habe die Verbindung von Herz und Kopf wieder hergestellt. Durch den Ausbruch aus dem Hamsterrad kann ich heute Arbeit und Freizeit optimal miteinander vereinbaren. Ich habe einen außergewöhnlichen, nicht alltäglichen Job, der mich ausfüllt und in dem ich größtmögliche Eigenverantwortung und gestalterischen Spielraum habe. Jeden Tag kann ich Kreativität und Erfahrung einbringen und habe mit vielen Menschen zu tun. Lauten und lustigen. Jungen und älteren. Komplizierten und entspannten. Ein Umfeld mit höherem Kuschelfaktor. Ich bin irgendwie angekommen.

Mein Bauch-Ich ist zufrieden. Entschleunigt lebt es sich weitaus besser. Schon bald wurde ich in den Medien als „Downshifterin" gehandelt. Als Karrieristin, die sich die Sinnfrage gestellt und sich für weniger Geld, aber mehr Lebensqualität entschieden hat. Quasi einen Gang runter geschaltet hat. Angeblich ein Trend. Für mich war's reine Privatsache. Mit dem Wort „Downshifting" kann ich sowieso nicht viel anfangen. Ich lass mich nicht gern kategorisieren. So, Stempel drauf, du jetzt Downshifter. Über die Jahre bin ich wohl zu so eine Art „Aussteiger-Klementine" geworden. Ich werde immer gerne aus dem Hut gezogen, um zu zeigen: Schaut her, die hat ihr Leben auf den Kopf gestellt, die hat losgelassen, die tut jetzt weniger arbeiten. Was so nicht wirklich stimmt. Denn ich arbeite nicht unbedingt weniger. Im Gegenteil. Ich schmeiße einen Vollzeitjob und nebenbei einen Haushalt. Bin Putz-, Kinder- und Ehefrau. Bin Mama-Taxi, Entertainerin, Seelentrösterin, Gastgeberin, Personalplanerin, Hinterherräumerin, Hans Dampf in allen Gassen. Aber ich kann selbst entscheiden, wann ich in welche Gasse dampfe. Ob ich Finanzbuchhaltung um elf Uhr abends oder Programmkalkulation um drei Uhr früh mache, das ist meine Sache. Ich arbeite anders. Mit neuen Prioritäten. Mehr An- und Abreisen, weniger Awards. Und, ja, auch weniger Asche, will heißen: Geld. Trotzdem bekomme ich unterm Strich mehr raus: Mehr glückliche Gesichter, mehr Gelassenheit, mehr Selbstbestimmung, mehr „Augenblick, verweile doch". Mehr Freiheit und Sinn im Tag, mehr Abenteuer Leben.

Das hört sich jetzt alles sehr nett an, oder? So nach Heidi auf der Alm. Das ist zwar tatsächlich auch das Motto unseres Hauses; dennoch klingt mir „Downshifting" manchmal zu sehr nach „dolce far niente". Als würde ich heute nur Butterblumen auf der Wiese pflücken und – eine fröhliche Schalmei auf den Lippen – mich im süßen Nichtstun suhlen. Nö. So ist das nicht. Auch mich grüßt täglich der Wecker. Ich bin ja nicht aus-, sondern umgestiegen. Und mein bisheriger Lebensweg führte ebenfalls nicht exklusiv durchs Schlaraffenland. Ich bin durch einige Talsohlen gewandert, hab mir Beulen und Blasen geholt und die Füße wund gelaufen, bis ich wusste, wo's langgeht. Und auch der Übergang in mein jetziges Leben verlief nicht glatt und komplikationslos. Im Gegenteil. Zahlreiche schwere Tage stellten meinen Optimismus-Modus auf eine harte Probe. Da nützte auch kein „Halt die Welt an, ich will aussteigen ...". Aber: Es sind komischerweise immer die schwierigen Berge, die einen herausfordern. Die den Trotz wecken, weiterzugehen und den Gipfel zu erklimmen. Und wenn man noch so oft auf die Nase fällt. Jetzt erst recht! Aus Erfahrung wird man klug, aus Fehlern lernt man und gerade die nicht so angenehmen Erlebnisse lassen einen wachsen und bringen einen weiter. Manchmal bis zur Herbergsmutti im Glück auf 1200 Metern. Allerdings sagt man heute „Herbergsleiterin". Womit mir immerhin die „Leiterin" von der Kommunikation geblieben ist. Aber kommunizieren tu ich ja sowieso, wie blöd. Mit allem und jedem. Meinem Kühlschrank, mir selbst, Mann, Kind und Kegel, den Kühen, Hunden, Gästen, Zivis, Wanderern, verlaufenen Hängebauchschweinen, Nacktschnecken und Haselmäusen. Und das sogar immer öfter auf Bayrisch. Mein Dialekt – in der hochdeutschen Wichtigwelt über Jahre ausgeblendet – kriecht wieder hoch.

Und hier ist meine Geschichte von einem Leben mit Schuss. Wie auch immer man das verstehen will. Als würzige alkoholische Note oder einfach als Sockenschuss. Eine Vita kunterbunt mit offenem Ende. Wenig gesucht, aber eine Menge gefunden. A propos bunt: Eines möchte ich noch vorwegschicken. Nur damit das Ganze keinen falschen Anstrich bekommt. Mein Leben war bunt, ist bunt und soll bitte immer farbenfroh bleiben. Was ich damit meine: Alles, was vor meiner Zeit in der Jugendherberge war, möchte ich keinesfalls abwerten. Ich bin dankbar dafür, dass ich so viele Chancen hatte, durch meine unterschiedlichen Jobs so viele Menschen kennenlernen durfte und soviel herumgekommen bin. Es gab auch in meinem früheren Leben Freude und Erfolge. Es gab aber auch Tränen und „schwarze Löcher". Und das ist heute nicht anders. Eines weiß ich jedoch sicher: Jedes Erlebnis, jede Begegnung hatte einen Sinn, hat mich weitergebracht. Die Löcher mehr als die Erfolge. Kurz gesagt: Es war schön, wie es war, und es ist gut, wie es ist. Und wer weiß schon, was das Leben noch alles so parat hält?

So. Elf Uhr abends. Endlich ist auch Ruhe im Haus eingekehrt. Brave Kinder. Im Mädchenzimmer nebenan wird noch leise gelacht. Sudelfeld und Wilder Kaiser liegen mittlerweile im Dunkeln. Die Wolken sieht man auch nicht mehr fahren. Aber ich gehe jetzt noch auf den Balkon und schmauche ein gemütliches Abend-Zigarettchen. Meine vierte und letzte für heute. Zur Belohnung, weil ich den Anfang fertig habe. Und wenn ich wieder vom Balkon zurückkomme, schreibe ich weiter. Weil's gerade so gut geht.

## Die ersten Jahre:
## Zwischen Milchreis und Mädchenschule

Ja, ich war auf einer Mädchenschule. Im St. Irmengard Gymnasium in Garmisch. Eigentlich steht die Schule im Ortsteil Partenkirchen. Aber wenn ich auf die Schnelle Garmisch sage, mein ich einfach „mei Hoamatl". Meine Heimat Garmisch-Partenkirchen. Nur, das ist so lang und außerdem jetzt egal. Denn im Grunde wollte ich etwas tiefer in meinem Stammhirn kramen und mit noch älteren Kamellen aufwarten.

Beginnen wir mit dem Einfachsten. Ich bin Sternzeichen Fisch. 1966 geboren. Und damit hatte ich abrupt die herrliche Einzelkindwelt meines zwei Jahre älteren Bruders zerstört. Der fand mein plötzliches Kommen gar nicht lustig, denn bis dato hatte er alleine das Wonneproppen-Monopol inne und nun glotzte man nur noch verzückt in meinen Kinderwagen rein. Da hätte ich an seiner Stelle wahrscheinlich auch mit der Spieluhr um mich geschlagen. Doch auch ich wurde älter. Als mich außer Sabbern und Schreien neue Dinge interessierten, spielten wir sogar zusammen. Lego, Carrera-Bahn, Faller-Bahn (die mit den schnellen Loopings) und Darda-Autos. In geschwisterlicher Trautheit. Später verdroschen wir uns. Wir haben uns regelmäßig so richtig fett verhauen. Heute reden wir zwar keine Romane miteinander, aber zumindest wie normale Leute. In geschwisterlicher Normalität.

Was ich sicher weiß: Ich hatte eine schöne Kindheit. Mein Stammhirn zickt ein bisschen und rückt frühe

Kindererlebnisse nicht so recht heraus. Es spuckt einfach das Gesamtergebnis aus: „Kindheit OK". Von meiner Zeit im Partenkirchner Kindergarten sind mir nur einige Bruchstücke im Gedächtnis geblieben: Schwester Berta in der schwarz-weißen Nonnenkluft. Tante Luise mit der Riesen-Brille, dem karierten Wollplissee-Minirock und dem toupierten 70er-Jahre-Mopp auf dem Kopp. Für damalige Verhältnisse war Tante Luise sicher ein Mega-Hühnchen. Ich kann mich gut an die spezielle Kindergarten-Duftmischung aus frisch gekochtem Milchreis, Wasserfarben, Brotzeitdosen und Käsesocken erinnern. Ab und zu gab es ein besonderes Morgen-Highlight: die Brezen vom Bäcker Sand für 10 Pfennige. Sehr viel mehr Frühkindliches blieb nicht in meinem Hirnkasten hängen.

Meine Einschulung in die Partenkirchner Volksschule im Jahr 1972 habe ich in ziemlich netter Erinnerung. Es gab Geld von den Verwandten, und in der Schultüte steckten ein paar Geschenke und eine Menge Süßigkeiten. Ich selbst steckte in einem Patchwork-Minirock aus bunten Wildlederviereecken. Cool! Ein Rock, wie aus bunten Mengenlehre-Plättchen gemacht. Und vorne silberne große Druckknöpfe. Es gab Reden, Fotos, viel Neues und noch mehr Schwungübungen auf groß liniertem Papier.

Das Beste war, dass ich einen famos kurzen Schulweg hatte. Meine beiden engsten Freundinnen damals – Peda und Sigste (eigentlich Bettina und Sigrid) – wohnten in Radlreichweite ebenfalls nur einen Häuserblock weiter. Unsere Lehrerin in den ersten beiden Klassen war ein Schatz und hat den Grundstein dafür gelegt, dass ich gerne Neues lernte, ich mich anstrengte und Schule nicht zum Hasswort wurde. Die Lehrerin der dritten und vierten Klasse hingegen hat dafür viel getan! Wie oft kam ich heulend nach Hause, weil ich mich ungerecht behandelt fühlte. Jedesmal stand in meinem Zeugnis, dass ich „tändelte und schwätzte". Gar nicht wahr. Sie mochte mich einfach nicht. Sie mochte nur duckmäuserische, leise, mädchenhafte und strebsame Mauerblümchen. Diesem Schema entsprach ich beileibe nicht. Ich war, wie viele meiner Freundinnen, in Klassenkamerad Robbi verliebt. Ich mochte Abba. Mein Lieblingshit war „SOS". Den prusteten Bettina und ich vom Kassettenrecorder aus unserem Küchenfenster heraus, wenn Robert vorbeiradelte.

Ich begann, mich für Musik zu interessieren. Harpo, Katja Ebstein, Uriah Heep. Auch klamottentechnisch tat sich etwas. Selbstbewusst trug ich meine neue weiße Schlagjeans. Das war mein erster kleiner Modeerfolg. Endlich musste ich nicht mehr diese schreckliche blauweiß gepunktete Jerseyhose vom Kaufhaus X anziehen. Die fand ich extrem eklig, kratzig und kindisch! Aber was willst du machen, wenn deine Erziehungsberechtigten beschließen, dass du damit aus dem Haus musst … Das Tüpfelchen auf dem i bzw. auf der Tupfenhose war ein gelber Rippenstrickpullover, so mit Bindebändern und Lochnieten am Hals. Eine Wahnsinns-Kombi! Zum Davonlaufen! Komisch, dass ich das alles noch so weiß, oder? Wahrscheinlich haben sich manch damalige Geschmacksverirrungen tief in meinem Unterbewusstsein verhakt, weswegen heute bei mir jeder Schuh zur Tasche passen muss. Eine schöne tiefenpsychologische Entschuldigung fürs Powershoppen oder? Wie auch immer. Vom Trevira zu den Tieren. Ich war und bin ein ausgesprochener Tierliebhaber. Bei uns zu Hause lag die Grenze allerdings bei Wellensittich und Hamster. Die durfte ich haben. Größer war nicht. Als ich vom Schulflohmarkt einmal ein Meerschweinchen mit nach Hause brachte, musste ich es umgehend wieder zurückbringen. Warum, verstand ich nicht. War doch auch nichts anderes als ein großgeratener Hamster. Aber mei, als Grundschüler hat man halt wenig Rechte. Und wer kann sich nicht daran erinnern: „Solange du deine Beine unter meinen Tisch …" blablabla. Heute, da ich selbst Kinder habe, kann ich diese Redensart zwar nachvollziehen. Trotzdem hüte ich mich, diesen Satz zu sagen. Der macht Kinder so klein.

Hunde liebte ich über alles, was heute noch genauso ist, denn heute besitze ich einen. Yesss! Da ich damals jedoch selbst keinen haben durfte, führte ich regelmäßig die verschiedensten Nachbarshunde Gassi, den Cockerspaniel Strolchi, den Rauhaardackel Wasti von der Tonbrennerei Kagl, oder, meine größte Errungenschaft, den Neufundländer Rass. Ich bekam kein Geld dafür, es machte mir einfach Freude.

Ach, wie gerne hätte ich erst ein Pferd gehabt! Aber das verstand sogar ich, dass dies ein Ding der Unmöglichkeit war. Daher fieberte ich einem Termin immer besonders entgegen: der wöchentlichen Reitstunde am Schmalensee-Gestüt auf den geliebten Haflingern, natürlich nie ohne die Busenfreundinnen Sigste und Peda. Spannende Fragen dabei: Welcher Reitlehrer leitet die Stunde? Uli? Auf ihn standen wir ausnahmslos alle! Wer bekommt welches Pferd? Wer darf die Abteilung anführen? Ich bekam meistens meine geliebte Betty, die mit dem wilden Nähmaschinen-Galopp. Mit Betty hab ich den richtigen

Sitz gelernt, denn sie ging immer leicht durch, stieg und bockte. Das waren Kämpfe! Manchmal endeten sie für mich mit einer schmerzhaften Rückenlandung, manchmal mit einem Unentschieden und manchmal mit einem Sieg. Wie im richtigen Leben.

Warum fließen mir die Erinnerungen jetzt doch so locker aus der Feder? Hab mich wohl warmgeschrieben. Oder mein Stammhirn ist aufgetaut und will zeigen, was es kann, indem es die Best-of-Erlebnisse der 70er-, 80er- und 90er-Jahre ausspuckt. Nun mag sich der eine oder andere Leser vielleicht fragen, was ich da alles zusammenschreibe, von Kindergartenfreundinnen und Volksschulerlebnissen über Gassigehen bis Pferdegeschichten. Das Buch heißt doch „Von der Medienfrau zur Herbergsmutter". Genau. Ein Fleißbildchen. Es heißt aber auch „Mein fast normales Leben". Und genau deswegen möchte ich ein bisschen weiter ausholen, denn mein Weg beginnt ja nicht erst bei MTV, sondern hat seinen Ursprung viel früher. All das, was ich in meinen mittlerweile 42 Jahren gemacht, gearbeitet, gehofft, gekämpft, geweint, geliebt, gelebt und erlebt habe, all das waren kleine Stufen zu meinem „Ich" bzw. sind Puzzlestücke zu meinem Leben. So, wie es nie geplant war, aber doch kommen musste. So, wie sich alles gefügt hat, weil ich Entscheidungen nach meinem eigenen Rezept getroffen und gelebt habe.

Für den Übertritt ins Gymnasium musste ich eine Aufnahmeprüfung absolvieren. Ich war ja laut Volksschulpaukerin in der vierten Klasse nur am tändeln und meine „Schwatzhaftigkeit war leider oft störend". So ein Quatsch! Ich war halt vielseitig interessiert. Aber jetzt gerade. Ätsch, Frau-Lehrerin-die-mich-nicht-mochte. Aufnahmeprüfung geschafft! Also rein ins Abenteuer höhere Mädchenschule mit knapp dreißig weiteren frisch gebackenen Fünftklässlerinnen. Unter anderem kam ich nun wieder mit meiner Kindergartenfreundin Babsi zusammen, mit der mich auch heute noch eine enge Freundschaft verbindet. Dass der Start im Gymnasium kein Reinfall wurde und ich wieder Spaß am Lernen und Motivation zum „Dranbleiben" fand, war größtenteils das Verdienst unserer Lehrerin Frau Nette. Der Name war bei ihr Programm, denn sie war wirklich zauberhaft! Sie unterrichtete Englisch und Deutsch und bei ihr war ich eine „frische, aufgeweckte Schülerin mit stets tadellosem Betragen". Na also!

So gingen fünfte, sechste, siebte und achte Klasse locker flockig dahin. Ich hatte kompetente und faire Lehrer, ich fand viele Freunde, ich hatte keine Sorgen und das Wort Pubertät kannte ich nur aus der Bravo. Ich war eingebettet in einem mir wohlgesonnenen Umfeld und einer intakten, liebevollen Familie. Mein Vater, von Beruf Kältetechniker, arbeitete sehr viel. Ich sah ihn nur abends, denn er machte oft Überstunden. Heute verstehe ich warum. Es ist – damals wie heute – verdammt schwierig, wenn man als Alleinverdiener seine Lieben nicht nur mit Bett und Brot versorgen will, sondern ihnen auch Dinge darüber hinaus ermöglichen möchte, z. B. Klassenfahrten, mal eine Levis-Jeans, oder was auch immer. Wir waren weder wohlhabend noch arm, wir waren eine ganz normale Familie, die das Geld eben nicht hatte, um es aus dem Fenster zu werfen. Oder um es schnell wachsenden Kindern in Form von teuren Klamotten an die Hüften zu kleben. Damit wäre auch die verhasste blau-weiß gepunktete Billighose vom Kaufhaus X erklärt.

Froh war ich, dass ich kein „Schlüsselkind" sein musste. Meine Mutter war immer für mich da. Wenn ich aus der Schule kam, erwartete mich zu Hause keine kalte Ravioli-dose, sondern ein mit Liebe gekochtes Mittagessen. Mich erwartete ihr herzliches „Wie war es in der Schule?", was ich regelmäßig mit einem genervt-lapidaren „Wie immer" beantwortete. Nach dem Essen wartete mein Korbstuhl, in dem ich mich erst mal mit einer Tafel Ritter Sport Schokolade und dem neuesten „Hanni und Nanni" Buch ausruhte, um danach die Freundinnen mit dem Radl abzuklappern. Für mich als Kind damals alles Selbstverständlichkeiten. Rückblickend sage ich heute: was für eine geile, entspannte Kindheit! Mit Bundesjugendspielen, Ballettstunden, Hackbrettunterricht, Abendlauf im Eisstadion, Sammeldosenschütteln fürs Müttergenesungswerk, ADAC-Fahrradturnieren, Reitstunden, Nachmittagen im Kainzenbad, Skifahren, Treffen mit Freundinnen und mehr oder minder stressfreier Erledigung der Hausaufgaben. Bis auf Mathe, deren Logik meine Mutter vergeblich in meinen Schädel zu bringen versucht hat. Keine Chance. Ich hab's weder mit Textaufgaben noch mit Algebra oder Geometrie. Warum zeigt dieser Vektor nach da? Und warum ist $a^2 + b^2 = c^2$? Oder wie war das?

Ich war also bereits früh davon überzeugt, dass in mir andere Talente schlummern müssen. Vielleicht Traktor fahren? Das lernte ich während einem einwöchigen Reiterurlaub in der Jugendherberge Creglingen. Da schau her: Jugendherberge. Das war so um 1978. Allerdings hat mich dieser Jugendherbergsaufenthalt weder sonderlich geprägt noch irgendwie auf meinen jetzigen Beruf als Herbergsmutter konditioniert. Im Gegenteil. In meinem späteren Bewerbungsgespräch für den Herbergsjob im

Jahr 2000 vergaß ich doch glatt zu erwähnen, dass ich je in einer Jugendherberge war... Ist ja auch kein Wunder. Mit zwölf Jahren speichert man die Dinge anders ab. Man nimmt alles mit und erlebt ohne groß zu werten. Und schließlich hatte ich bald ganz andere Sorgen, denn im Jahr 1980 trat bei mir erst mal das ein, was viele Eltern fürchten: Das Alter, in dem ihre Kinder weder Fisch noch Fleisch sind. In dem sie launisch, gräßlich, unsicher, voller Selbstzweifel, zickig, picklig – einfach unerträglich sind. Die plöde Pubertät.

## Gretchen extrem:
## Grüne Haare, blaue Briefe

Meine Pubertät zeigte sich von der extremen Seite. Ich habe damals alle Register gezogen und sämtliche Höhen und Tiefen der pubertären Wesensveränderungen durchlebt.

Begonnen hatte es Ende 1979. Warum ich das so genau datieren kann? Weil ich meine Flegeljahre (oder sagt man bei Mädchen „Schlampenjahre"?) derart intensiv erlebt habe, und weil ich mir manche Erlebnisse in meinem Tagebuch von der Seele schrieb. Zum Beispiel hatte ich mir von meinem Taschengeld ein damals hochmodernes pinkfarbenes Long-T-Shirt gekauft, so seitlich zum Knoten und mit Glitzerprint. Beim „Rodeo Jeans-Shop". Ein Hammer! Ich fand mich megaschick! Aber der Oberhammer kam zu Hause. „Du siehst ja aus wie eine vom Strich!" entrüstete sich meine Mutter. (Also doch Schlampenjahre, oder …?) Mit dem schlagenden Argument „So läufst du mir nicht herum!" musste ich das Shirt in ihrer Begleitung umgehend wieder in den Laden zurückbringen. Was fand ich meine Mutter spießig! Aber nicht mit mir, der tollen 13-jährigen Angie!

Am nächsten Tag schlich ich verstohlen zum Jeans-Shop, kaufte mir das Shirt erneut und versteckte es – zusammen mit meinen ebenfalls heimlich gekauften Billigstöckelschuhen – in der Garage. Dort zog ich mich um, wenn ich zusammen mit meinen ebenso hochpubertierenden Freundinnen Babsi und Cloze um die Häuser zog. Wir rauchten Eve und R1 und waren die größten. Aber immer nur bis 20 Uhr abends. Was ich damals als ziemliche Einengung in meiner persönlichen Entfaltung empfand. Dabei wollte ich so gerne selbstständig sein, etwas erleben! Das versuchte ich, indem ich eines Abends mal nicht um 20 Uhr nach Hause ging, sondern direkt ins „Pinocchio" stöckelte, damals die In-Disco, wo die großen 17-jährigen Jungs waren. Kein Mensch wollte übrigens meinen Ausweis sehen, obwohl ich erst 13 war. Polizeirazzien überstand ich mit einstudiertem Erwachsenem-Blick ebenso ungefragt. Was war ich cool, fand ich damals. Mein damaliger Schwarm, Hardy, begleitete mich dann gegen 23 Uhr nach Hause und ich sah schon aus der Entfernung meine Mutter vor unserem Haus stehen. Sie tobte, raste auf mich zu und klebte mir eine. Welche Schmach! Noch schlimmer war, dass Hardy es gleich brühwarm all seinen Freunden erzählte: „Und Batsch hat's g'macht!" Aber das Universum hat sich gerächt. Jahre später ist Hardy ein Ziegel auf den Kopf gefallen und daraufhin konnte er eine Zeit lang nicht mehr geradeaus schauen. Und Batsch hat's g'macht.

Weiter im Text mit P wie Pubertät to be continued oder Partenkirchen good-bye: 1980 zogen wir von unserer Partenkirchner Dreizimmerwohnung in eine größere Mietwohnung in den zwei Kilometer entfernten Vorort Burgrain. Das war nötig geworden, da mein Bruder und ich bis dahin ein gemeinsames Zimmer hatten und wir uns deswegen ständig stritten und zofften. Logisch. Mit diesem Umzug kam ich in ein komplett neues Umfeld. Wir zogen übrigens in die Jochstraße, direkt gegenüber der Jugendherberge, die auch heute noch dort steht, mittlerweile allerdings komplett hübsch renoviert.

Damals war die Herberge ein großer Kasten, genauso hässlich wie die angrenzenden Häuser, lieblose, sozialbautenähnliche Mehrfamilienbetonkisten. Nun war ich also keine Partenkirchnerin mehr, sondern Burgrainerin. Hm. Das wollte ich eigentlich gar nicht. Wie ich so vieles nicht mehr wollte. Ich wollte nicht durchschnittlich sein. Ich wollte nicht abhängig sein. Ich wollte nicht mehr hören, vor allem nicht auf die spießigen Erwachsenen. Auf die Lehrer sowieso nicht. Gegen Mitte der achten Klasse fing die Schule an, mich zu nerven. Mir fehlte „das Interesse an schulischen Belangen", wie mein damaliger Klassenlehrer im Jahreszeugnis schrieb. Messerscharf erkannt. Seine weitere Analyse: „Dementsprechend waren Mitarbeit und Verhalten launenbedingt." Auch korrekt. Was man ja leicht an den Noten erkennen konnte: fünf mal ausreichend, zwei mal mangelhaft, befriedigend in Englisch, Französisch, Kunst und Musik. Nur in Sport gut. Aber das half mir nicht weiter. Mit „nur" zwei Fünfern im Zeugnis hatte man jedoch die Chance, durch eine Nachprüfung doch noch weiter zu rücken. Und da ich dann doch kein „Hockenbleiber" sein wollte, setzte ich mich auf den Hosenboden und büffelte in den Sommerferien. Widerwillig zwar, aber ich schaffte die Nachprüfung! Damit war ich eine coole Neuntklässlerin.

Stöckelschuhe und Karottenhosen hatte ich mittlerweile durch Cowboystiefel und Löcherjeans ersetzt, und auf Eve und R1 Fluppen folgte Javaanse Jongens Halfzware Shag. Selbstgedrehte Zigaretten waren ja wesentlich lässiger. Und Lässigkeit war seit der neunten Klasse mein Motto. Ich hatte noch weniger Lust auf Lernen. Null Bock. Was interessierten mich Großbritanniens Bodenschätze oder Osmose und Mitose. Ich kritzelte lieber kluge Sprüche in meine Aufgabenhefte: „Poppertod löst Wohnungsnot" (ich gehörte ja schließlich zur Fransentuch-Fraktion) oder „Die Weisheit verfolgt mich, doch ich bin schneller". Ich stand auf Musik von Lynyrd Skynyrd und Jethro Tull. Mein Hauptinteresse galt damals meiner neuen Burgrainer Clique. Ich, die lockere 14-jährige Gymnasiastin, inmitten älterer, bereits als Maurer, Bauhelfer oder Verkäufer arbeitenden Jungs. Ich war beeindruckt. Die durften alles. Und ich war verliebt in meinen ersten richtigen Freund. Tommi war 18, hatte ein Motorrad und verdiente schon. Toll. Leben. Große Freiheit. So dachte ich damals.

Ich wollte die Schule schmeißen und Tommi heiraten. Meine Mutter sprang im Dreieck. Mich hat dies nicht im geringsten beeindruckt. Auch nicht, als sie mir mein künftiges Looser-Leben in den grässlichsten Farben ausmalte. Ohne Schulabschluss würde man mich nicht mal mehr für die Wursttheke nehmen! Sie sah mich angstvoll schon als verkrachte Existenz. Fast wäre mir auch keine andere Wahl geblieben, denn ich sammelte in der Schule fleißig Verweise. Ich zog sie förmlich an. Manchmal ungerechtfertigt. Aber das kennt man ja. Einmal schwarzes Schaf, immer schwarzes Schaf. Einen Direktoratsverweis bekam ich für eine Bemerkung gegenüber unserer Geschichtslehrerin: „Lieber einen Verweis als einen Klumpfuß!" Dafür möchte ich mich im nachhinein bei ihr entschuldigen. Es hagelte weiter Verweise über Verweise. Außer in Sport, Kunst und Musik hatte ich in keinem Fach bessere Noten als Vierer, Fünfer und Sechser. Gegen Ende der neunten Klasse wollte man mich von der Schule werfen. Ups! Das ging mir dann doch irgendwie zu weit. Meine Mutter half mir, indem sie mich zu einem klärenden Gespräch mit dem Direktor und einigen meiner Lehrer begleitete. Ich war zerknirscht. Unsicher. Traurig. Wütend auf die Ungerechtigkeit des Lebens. Armes pubertierendes Schwein. Meine Mutter vermittelte und haute mich raus. Danke Mama! Ich durfte bleiben. Sitzenbleiben.

Im berühmten blauen Brief war es schwarz auf weiß nachzulesen: „Die Schülerin hat das Klassenziel nicht erreicht. Sie kann die Jahrgangsstufe wiederholen. Allerdings bestehen Erfolgsaussichten nur, wenn sie ihre Einstellung zur Schule und ihre Haltung im Unterricht völlig verändert." Pah! Wollte ich doch gar nicht. Ich wollte Anti sein. Ich wollte provozieren. Ich wollte die Leute mit meinen tannengrünen Haaren schockieren. Um jeden Preis anders sein. In mein Aufgabenheft hatte ich auch geschrieben: „You don't get to the top by being like everyone else." Und wie alle anderen war ich beileibe nicht. Ich war grottenschlecht, rotzfrech, ohne Ziel und ohne Plan. Dann wiederhole ich halt die neunte Klasse. Is doch mir wurscht. Denn ist der Ruf erst ruiniert, lebt sich's gänzlich ungeniert.

So betrat ich im September 1981 meine neue Klasse. So ganz neu war sie mir nicht, denn ich war nun wieder mit meiner Busenfreundin Babsi zusammen, die es bereits in der achten Klasse „zerlegt" hatte. Dennoch, ganz langsam veränderte sich in mir etwas. Es begann im Sportunterricht. Hier musste ich, die verzweifelt Pubertierende, mich für gute Noten nicht schämen. In Sport top zu sein war ja cool, da waren die Streber und Stubenhocker meist schlechter. Besonders in Leichtathletik wurde ich immer besser. Stolz wie Bolle war ich auf meine Urkunde für die beste Leistung im Hochsprung bei den Bundesjugend-spielen 1982. Anscheinend hat mich dieser Erfolg beflü-gelt und meinen Ehrgeiz angestachelt, denn plötzlich wollte ich auch in den anderen Fächern nicht mehr die Schlechteste sein, was ja bis dato mein Markenzeichen war. Klassenclown und Klassenschlechteste. Ab sofort war ich motiviert. Von nun an wollte ich allen zeigen, was in mir steckt. Das machte sich auch in meinem veränderten, entspannten Musikgeschmack bemerkbar. Meine Stars hießen fortan Barclay James Harvest und Electric Light Orchestra, Umberto Tozzi und Pupo. Freund Tommi war inzwischen abgeschrieben, stattdessen galt mein Interesse italienischen Jungs, die ich nachmittags im Billardsalon neben der Schule traf. Ich himmelte Antonio, Stefano, Maurizio, Franco an und lernte nebenbei Italienisch. Meinen deutlich gebesserten Schulleistungen tat das kei-nen Abbruch mehr. Ich hatte wieder Spaß und musste nicht mehr mit mir und meiner unruhigen Seele kämp-fen. Kein Wunder, dass auch meine Lehrer von meiner Wandlung begeistert waren und in mein Jahreszeugnis ausnahmslos schöne Dinge schrieben: „Nach bedenkli-chen Anfangsschwierigkeiten hat Angela ihre Arbeitshal-tung völlig geändert. Sie arbeitete ab der 2. Schuljahres-hälfte aufgeschlossen und eifrig mit." Na also. Die Zeit heilt alle Wunden. Auch die Pubertät.

Die zehnte Klasse ging locker ins Land. Ich putzte ab und zu bei einer älteren Dame um mir ein paar Kröten zum Taschengeld dazuzuverdienen. Zum Beispiel damit ich am Wochenende ins Giulianos gehen konnte, einer Disco mit vielen Italienern. Gefundenes Fressen für kichernde Mäd-chenschülerinnen. Kichern satt gab es auch bei den Tanz-stunden mit den Jungs vom Ettaler Gymnasium. Aber das gehört nun wirklich nicht hierher bzw. das ist ja nicht relevant für meine persönliche Entwicklung. Obwohl, wenn ich es genau nehme, doch. Denn je öfter ich unterwegs war, je mehr unterschiedliche Leute ich kennenlernte, desto mehr war ich der Meinung, meine Nase sei zu groß. Meine Mutter verglich mich mit Barbra Streisand, die sei doch trotz ihrer charakteristischen Nase sehr erfolgreich. Vielen Dank auch. Das war genau das, was ich nicht hören wollte. Dafür sagte ich dann zu meinen Eltern, dass zwei Menschen mit so großen Zinken doch eigentlich gar keine Kinder haben dürften. Das könne man doch nicht verantworten. Sie lachten nur darüber.

Ich begann, Komplexe zu entwickeln und meine römisch anmutende Nase zu hassen. So habe ich beschlossen: die Gurke muss kleiner werden. Wenn sich Fischegeborene etwas in den Kopf setzen, wird das durchgezogen. Am darauffolgenden Tag marschierte ich zum Psychiater. Der wollte mir meine Nase zunächst schönreden, dann mir mein Vorhaben ausreden. Letztendlich schrieb er in die Diagnose das, was ich wollte und brauchte: Dass durch die gedankliche Fixierung auf mein angeblich zu groß geratenes Geruchsorgan psychosomatische Entwicklungsstörungen entstehen könnten und deswegen eine operative Verkleinerung der Nase medizinisch indiziert sei. Jawoll!

Und dann war es soweit. Im Mai 1983 fuhr mich meine Mutter nach München in die Uniklinik rechts der Isar. Mit dem Einweisungsschein in der Tasche, Walkman und Strickzeug im Gepäck, kleinem Blutbild, Gerinnungsstatus und der festen Überzeugung, dass man mir eine schöne Vollnarkose geben würde, ging ich in die Aufnahme. Gleich danach sollte die Operation stattfinden.

Man fuhr mich bereits im Bett in den OP, als man mir eröffnete, das Ganze würde unter Lokalanästhesie durchgeführt. Wie bitte? Da ich durch den Beruhigungssaft schon leicht angeschickert war, konnte ich mich nicht weigern und die Sache nahm ihren Lauf – schmerzhaft, blutig und tränenreich. Irgendwann wurde ich in ein Krankenzimmer gefahren, wo ich erschöpft einschlief. Nach dem Aufwachen ein erster Blick in den Spiegel: Gesicht zugeschwollen, Augen blauschwarz unterlaufen, Tamponaden in den Nasenlöchern und Gips auf der Nase. Aber ich hatte es ja so gewollt. Also nicht lamentieren. Meine Zimmernachbarin zur Linken, eine nette alte Dame, versuchte mich aufzumuntern: „Da wird das Frollein Angelika aber hübsch sein, wenn der Verband runterkommt." Das tat gut. Tatsache war, dass meine neue Nase hinterher kaum jemandem auffiel. Aber ich fühlte mich anders. Besser. Ich hatte es durchgezogen.

Die zehnte Klasse ging zu Ende und ein schöner Sommer kam, den ich dazu nutzte, einen Ferienjob anzunehmen. Man will ja auch ein bisschen Spaßgeld. Und das verdiente ich beim Schuhgeschäft Buchwieser. Ich verkaufte viele Schuhe und kaufte selbst sicher genauso viele. So reinvestierte ich den Großteil meines Lohnes wieder in diesem Laden, aber zumindest besaß ich jetzt viele schöne neue Schuhe, mit denen ich im Herbst 1983 stolz in die elfte Klasse stiefelte. Ach ja, ein erwähnenswerter Nebeneffekt der Nasen-Operation war, dass ich aufhörte zu rauchen. Erstens schmeckte es mir danach nicht mehr und zweitens rauchten jetzt alle Trullas um mich herum. Da hatte ich keine Lust mehr. Wenn die Mehrheit etwas tat, war es für mich nicht mehr interessant. Nur tote Fische schwimmen mit dem Strom. Das Geld, dass ich mir mit dem Nichtrauchen sparte, steckte ich in LPs von Vasco Rossi, Claudio Baglioni und I. Pooh. Ja, ich wurde immer italophiler.

März 1984, endlich: Mein achtzehnter Geburtstag. Ich war volljährig! Im darauffolgenden Juli mussten wir Elftklässlerinnen ein sozialwirtschaftliches Praktikum absolvieren. Babsi und ich entschieden uns für die Arbeit im Krankenhaus, wegen der schicken weißen Kittel natürlich. Nein, im Ernst, wir haben viel gelernt. Nicht nur Urinflaschen leeren, Infusionen regeln, Patienten herumfahren, Essen servieren oder Blutdruck messen. Es war ein vierwöchiges Eintauchen in eine geregelte Arbeitswelt. Verantwortung für andere. Und die Bekanntschaft mit dem Tod. Seitdem weiß ich, wie kalt sich ein Toter anfühlt.

Es kam die zwölfte Klasse, nun war ich bereits Kollegstufenschülerin. Wow! In dieser Zeit fing ich an, mir mein Spaßgeld durch qualifiziertere Arbeit zu verdienen. Ich schrieb als freie Mitarbeiterin redaktionelle Beiträge für den Kreisboten, einer regionalen Wochenzeitung. Das waren meine ersten journalistischen Gehversuche. Ein Bericht über die Versammlung des örtlichen Tierschutzvereines oder ein Artikel über die Maibaumaufstellung. Mein Leben flutschte. Ich genoss es. Ich hatte einen netten Freund, Hubert, und ich verstand mich gut mit meinen Eltern. Bei den Lehrern hatte ich mittlerweile einen Vertrauensbonus. Sie wussten, dass gute Noten bei mir an der Tagesordnung waren und die Zeit meiner miserablen Leistungen endgültig der Vergangenheit angehörte. Auch wenn am Freitagmorgen viele von uns Mädls in der ersten Stunde müde waren, weil sie bis 4 Uhr früh im „Exit" gefeiert hatten. Egal. Der Donnerstagabend in der Disco Exit war Pflicht und Kult.

Im Juli 1985 begannen die letzten großen Ferien vor dem Endspurt, der dreizehnten Klasse. Mein Spaßgeld besserte ich nun durch einen Job im Altenheim Lenzheim auf. Das waren schöne und schmerzhafte Erfahrungen zugleich. Ich habe ganz zauberhafte alte Damen kennengelernt, mit denen man sich toll unterhalten konnte. Es wohnten aber auch verbitterte Menschen mit herabgezogenen Mundwinkeln dort. Hm. Was soll ich sagen. Ich hoffe, ich verdiene mir im Laufe meines Lebens ein freundliches Lachfaltengesicht. Was ich mit dem Lohn vom Altersheim machte? Ich trug ihn aufs Oktoberfest, in Boutiquen und in „Kruschtläden". Kaufte porzellanschädlige, weißgewandete, weinende Pierrots und schwarzglänzende Keramikhände, so zum Ringe draufstecken, die ich gar nicht hatte. „Was kaufst du alles für Mist!", meinte meine Mutter kopfschüttelnd. Was denn? Mir gefielen diese Peinlichkeiten. Außerdem war's ja mein Geld.

Und dann war es da, das letzte Schuljahr. Ein spannendes Jahr mit dicken Freundschaften, durchtanzten Nächten, Wochenendtrips nach Florenz, Theaterbesuchen, tollen Erlebnissen wie z. B. dem Filmball im Bayerischen Hof in München 1986 (wie wir da reingekommen sind, verrate ich nicht), Medizintest fürs Medizinstudium (durchgefallen), Aufnahmeprüfung an der Schauspielschule (nicht bestanden), und schließlich den Abiturprüfungen in Englisch, Französisch, Geschichte und Biologie (bestanden). Sogar ziemlich gut, mit 1,4 Notendurchschnitt. Was waren meine Eltern stolz! Einige meiner Lehrer meinten: „Ich hab's ja immer gesagt, die Sebrich ..." Ach ja. Und ein paar Jahre zuvor wollte man mich noch von der Schule werfen. Aber Schwamm drüber. Nach bestandenem Abitur fuhr ich mit Babsi, Angelina und Alex für eine Woche nach Griechenland, Sirtaki tanzen. Die Sau rauslassen. Ouzo trinken bis der Esel schreit. Und ich hatte schon wieder mein Herz verloren, an Marios … Zurück in der Heimat, litt ich erst an Sehnsucht (der schöne Grieche …!) und dann an Orientierungslosigkeit. Was sollte ich denn nun mit meinem Leben anfangen? Die Schulzeit war unwiederbringlich vorbei. Es gab kein Zurück mehr. Und es gab noch kein Wohin.

## Gretchenfrage erster Teil:
## Abitur – und was nun?

Wie wird man denn das, was man ist? Welche Wege sind es, die den einen ins Bäckerhandwerk oder in die Schneiderzunft führen und den anderen in den Staatsdienst oder in die Medizin? Ist's die Veranlagung? Gene? Persönlichkeit? Umwelt? Die Eltern? Oder ist am Ende doch jeder selbst seines Glückes Schmied? Gut wäre natürlich, wenn der Schmied auch Schmied werden möchte und nicht lieber Orca-Trainer oder Schuhdesigner. Aber meistens ist es ja so, dass man als junger Schulabgänger gar nicht so genau weiß, womit man künftig seinen Lebensunterhalt bestreiten will. Ich zumindest hatte nach dem Abitur im Jahr 1986 keinen Schimmer, was ich werden sollte. Stewardess? Klappte nicht. Die Lufthansa-Waage war bestimmt falsch geeicht. Ich hatte aber auch so einen blöden schweren Trachtenjanker an. Und der Rock hat auch aufgetragen. Damit war die Chance, einen feschen Piloten abzukriegen, vertan ... Vielleicht Jura studieren? Lieber nicht, das ist doch eine recht trockene Angelegenheit. Und den Paragrafenkringel hab ich immer mit dem Notenschlüssel verwechselt. Dann Musikerin? Nur, ob man mit Blockflöte und Hackbrett weit kommt? Also auch nichts.

Da stand ich nun, ich armer Tor ... Rausgeworfen aus der kuschelwarmen, sicheren Welt des Mädchengymnasiums, einer angenehmen, lockeren Routine mit vertrauten Gesichtern und festem Stundenplan, hineinkatapultiert in eine neue Welt voller Unsicherheiten und mit ungewisser

Zukunft. Und jeden Tag fragte mich irgendjemand: „Was willst du denn jetzt machen?"

Um wenigstens irgendetwas zu tun und nicht meinen Eltern auf der Tasche zu liegen, kam mir die Job-Anzeige eines Hotels an einem Bergsee gerade recht: „Saison-Mitarbeiterin für die Strandbar gesucht." Perfekt. Sechs Wochen lang habe ich Sonnenliegen aufgestellt und wieder abgebaut, Käsekuchen und Kaffee treppauf und treppab geschleppt und Eis verkauft. Wenigstens blieb mir nun keine Zeit mehr, um weiter zu überlegen, was ich werden wollte.

Ich hätte wohl noch eine Weile so weitergewurstelt, wenn nicht etwas passiert wäre, was mir den Boden unter den Füßen wegzog und mich von einem Tag auf den anderen hart auf dem Boden der Realität ankommen ließ: Am 28. Juli 1986 verunglückte mein Vater. Er war damals 48 Jahre alt. Ich gerade 20. In seiner Mittagspause hatte er sich spontan mit einem Freund zum Segelfliegen verabredet. Am Abend kam er nicht zur üblichen Zeit – gegen 19 Uhr – nach Hause. Stattdessen klingelten zwei Polizisten, die nach ihm fragten und meiner Mutter und mir unbeholfen zu erklären versuchten, dass ein Segelflugzeug in den Walchensee gestürzt sei. Beide Insassen seien verschollen. Und das Auto meines Vaters stünde seit Mittag auf dem Parkplatz des Segelflugplatzes.

Pause. Filmriss. Meine Mutter wird leichenblass. Ich will nicht weiterdenken, schalte mein Hirn auf Zwangsoptimismus und versuche, die schlimmsten Befürchtungen abzuwehren. Vielleicht liegen die beiden ja verletzt im Wald? Sie hatten doch bestimmt einen Fallschirm dabei.

Oder vielleicht haben sie sich „verhockt" und trinken gemütlich irgendwo ein Bier? Wo sollten sie denn sonst sein? Ach komm! Das wird bestimmt so sein. Geglaubt habe ich selbst nicht daran.

In dieser Nacht schlief ich im leeren Bett meines Vaters neben meiner Mutter und versuchte, sie durch meine physische Anwesenheit zu beruhigen. Sie weinte verzweifelte, den Verlust vorausahnende, heiße Tränen. Wie soll man da trösten? Mein Bruder hatte sich in sein Zimmer zurückgezogen. Wortlos. Hilflos. Ja, überlass nur alles mir. Ich bin ja die starke, wortgewandte Tochter. Tatsächlich war ich leergeredet. Leergetröstet. Am liebsten wäre ich auch in mein Zimmer geflüchtet. Aber das konnte ich nicht.

Auf eine düstere, unruhige Nacht voller Ungewissheit, voller Bangen, Hoffen, Weinen, Hadern folgt ein schrecklicher Morgen. Und ein erneuter Besuch der Polizisten. Meiner Mutter ist die Qual ins Gesicht geschrieben. Die Polizisten wollen, dass wir uns hinsetzen. Ja, mein Vater war im Flugzeug. Sein Auto steht immer noch am Segelflugplatz. Und ja, man müsse davon ausgehen, dass er tödlich verunglückt sei. Genauso wie sein Freund, der Pilot. Eine Tragfläche des Flugzeugs sei abgebrochen. Von den beiden Männern fehle jede Spur. Wald und Ufer seien durchkämmt worden – nichts. Den See habe man mit Echolot abgesucht, ebenfalls ohne Erfolg. Aber die Flugzeugkuppel habe man gefunden. Und einige persönliche Dinge. Wir möchten doch bitte zum Walchensee kommen, um bei der Wasserwacht die gefundenen Sachen zu identifizieren. Meine Mutter kann ihren Schmerz nicht mehr zurückhalten. Verzweiflung, Weinkrämpfe. Die Polizisten schauen betreten. Und ich würde am liebsten das Geschirr gegen die Wand werfen. Kann bitte endlich jemand den Film anhalten?! Mein Vater kann doch nicht tot sein! Ich kann nicht weinen, bin nur maßlos wütend auf das Schicksal.

Wir fahren zum Walchensee und ich frage meine Mutter, ob ich die im See gefundenen Sachen für sie anschauen soll. Sie nickt dankbar. Ich gehe in die Wasserwachtshütte und erkenne auf dem Tisch sofort den hellbraunen Geldbeutel meines Vaters und eine Softpackung Zigaretten, alles nass und aufgeweicht. Ich nehme die Dinge an mich, verstecke sie in meiner Tasche, damit meine Mutter nicht zusätzlich erinnert und aufgeregt wird, und trete wieder aus dem Haus. Der Walchensee liegt da wie ein Verräter. Ruhig, dunkel, grausam. Und irgendwo da unten, in seinen Tiefen und Strömungen, soll jetzt mein Vater liegen – tot? Meine Mutter starrt ebenfalls auf den See. Als sie mich ansieht, weiß sie sofort Bescheid. Sie sackt innerlich zusammen. Scheiß See. Scheiß Tag.

Die nächsten Tage und Wochen waren geprägt von tiefer Trauer. Und trotzdem wollte die Welt nicht stillstehen. Viel Organisatorisches war zu erledigen, Kunden mussten informiert, Unterredungen mit Versicherungen und Anwälten geführt werden. Vermisstenanzeige, Gottesdienst, allzu aufdringliche Beileidsbezeugungen abblocken ... – ich war froh, etwas tun zu können. Natürlich kam nach und nach auch wieder die Frage auf, was denn nun aus mir werden sollte. Mein Bruder hatte eine Lehre angefangen. Und ich? Konnte ich meine Mutter überhaupt in dieser Situation allein lassen und beispielsweise nach München ziehen? Und was sollte ich eigentlich machen? Ich wusste es immer noch nicht. Dabei wollte bzw. musste ich doch gerade jetzt stark sein und mich endlich orientieren. Das Problem war, dass ich mir so Vieles vorstellen konnte. Texten. Kreativ sein. Werbung. Organisieren. Fernsehen. Schreiben. Journalistik. Bühne. Menschen.

Ich sprach mit meiner Mutter und einigen Verwandten, die mir nahestanden. Dann entschloss ich mich, „unvernünftige" Berufsideen mit unsicherer Zukunftsperspektive, wie z. B. Schauspielschule, Theaterwissenschaften oder Modedesign ad acta zu legen und stattdessen ein Studium mit breiter Basis und guten Erfolgsaussichten zu beginnen, „was G'scheits" eben, etwas Sinnvolles. Ich schrieb mich also für den Herbst 1986 an der Fachhochschule München für den Studiengang Betriebswirtschaftslehre ein. Mit Schwerpunkt Tourismus, damit's nicht ganz so staubt.

Und so begann meine Laufbahn. Einfach so. Mit einer Entscheidung am grünen Tisch, ohne Plan und ohne große Begeisterung. Mit dem Hintertürchen im Kopf: „Ich kann ja immer noch aufhören, wenn's mir nicht liegt." Aber endlich hatte ich wieder ein Ziel vor Augen. Ich kannte die Richtung und es gab einen ungefähren Weg. Nämlich acht Semester BWL-Studium. Ich war neugierig auf das, was mich erwarten würde. Und ich wollte gut sein. Es war zumindest ein Anfang.

Am 30. September 1986 schrieb ich mich für das Wintersemester ein. Ich besorgte mir eine Studentenwerk-Beitragsmarke und einen Finanztaschenrechner mit der „IRR-Taste". Damit man sich beim Berechnen der Rendite nicht irrt. (Äh?) Mein Stundenplan weckte in mir ähnlich ratlose Gefühle: Statistik, Produktions- und Kostentheorie, Bilanzierung, Finanzmathematik, Volkswirtschaftslehre, Kosten- und Leistungsrechnung – Moment mal, bin ich hier richtig? Ach, hier steht's: Eine Vorlesung Marketing pro Woche. Und eine Stunde Touristik. Das klang schon netter. Und dennoch: Etwas mulmig war mir schon. Ich beschloss, alles erst mal auf mich zukommen zu lassen.

Wohnen konnte ich in der WG meines damaligen Freundes Hubert, in der gerade ein kleines Zimmer frei geworden war. Das verschaffte mir heimatliche Gefühle und Rückhalt für mein neues Leben, denn außer Hubert wohnten zwei weitere Jungs aus Garmisch dort, die ich ebenfalls seit langem kannte. Ein etwas abgefederter Neustart also für mich als Jungstudentin in München. Am Wochenende fuhr ich häufig nach Hause: Mutter besuchen, Stammkneipen abklappern, Heimat riechen. Oft mit Hubert, häufig auch zusammen mit den anderen WG-lern. Unser Lebensschwerpunkt lag zu dieser Zeit noch verstärkt dort, wo wir aufgewachsen waren.

Gleichzeitig entstanden in München zwischen Mensa und Bücher-Börse, Seminaren und Vorlesungen neue Gemeinschaften. Studienfreundschaften, aus allen Ecken Deutschlands zusammengewürfelt. Fast wieder wie Schule. Aber nur fast. Denn als Student war man für alles selbst verantwortlich. Es gab keine „Kümmerer" mehr und wenig persönliche Beziehungen zu den Dozenten. Schwierig für ein emotionales Herdentier wie mich. Das lag aber wahrscheinlich auch daran, dass ich mich mit dem BWL-Studium immer noch nicht richtig identifiziert hatte. Mein „Dranbleiber-Gen" sorgte jedoch dafür, dass ich nicht hinschmiss. Ich wusste ja, dass die ersten beiden Jahre aus reiner Betriebswirtschaftslehre bestanden, danach sollten die für mich interessanteren touristischen Schwerpunkte kommen. Bis dahin wollte ich durchhalten, um alles angemessen beurteilen zu können.

Zur Finanzierung von Studium und WG-Zimmer bekam ich Bafög. Mit dem Tod meines Vaters war ich ja Halbwaise und damit „Anspruchsberechtigte" geworden. Das Geld gab's nur leihweise, nach Studienende habe ich die Staatskröten auf Heller und Pfennig zurückgezahlt. Um etwas „Spaßgeld" hinzuzuverdienen und die aktuelle Schulterpolster-Mode mitmachen zu können, nahm ich die verschiedensten Nebenjobs an. Etwas Besonderes gesucht hatte ich dabei nicht, aber eine Menge gefunden. Was ich nicht alles war … Produkttesterin, Putzfrau, Auktionshelferin, Messehostess, Interviewerin, Ferien-Kindermädchen auf Capri, Ochsenschwanzsemmel-Verkäuferin, Statistin, Quizshow-Kandidatin und Background-Sängerin bei der volkstümlichen Hitparade. Da gab's richtig dick Kohle. Das Lied „Heut ist Kirschblütenfest" kann ich immer noch trällern.

Mit fünf bestandenen Prüfungen im Sommer 1987 ging das erste Studienjahr zu Ende und meine mutigste Zeit begann. Im Gegensatz zur Uni sind an der Fachhochschule zwei Praxissemester Pflicht. Und da sich Auslandserfahrung ja immer gut im Lebenslauf macht, hatte ich in einem heldenmütigen Moment beschlossen, eines dieser Semester in Italien zu absolvieren. Ich bewarb mich bei vielen Unternehmen und erwartete die Rückläufe fast mit der verzagten Hoffnung, es möge doch bitte nicht klappen, denn langsam bekam ich Angst vor meiner eigenen Courage. Prompt bekam ich eine Einladung zum Vorstellungsgespräch von einem Design-Unternehmen in Florenz. Dio mio! Aber sei's drum – ich wollte ohnehin mit meiner Mutter ein paar Tage in Rimini verbringen und meinen alten Freund Vittorio besuchen. Da könnten wir auch schnell einen Abstecher nach Florenz machen. Gesagt, getan. Vorstellungstermin mit dem florentinischen Firmeninhaber. Kleiner Mann, große Kohle. Aber nicht für Praktikantinnen. 200 000 Lire Monatsgehalt bot er mir. Das waren an die 200 DM. Wahrlich knapp. Aber für ein paar Spaghetti und eine Schachtel italienische Zigaretten dann und wann würde es wohl reichen. (Ja, ich weiß, ich war seit 1983 Nichtraucherin. Aber in diesem Sommer kamen die Gelüste wieder.) Ich wischte alle Bedenken beiseite und unterschrieb beherzt den Vertrag. Schließlich war ich nicht zum Spaß nach Florenz gekommen.

Am 1. Oktober 1987 ging es los. Eine Unterkunft hatte ich via Kleinanzeige bei Tullio gefunden, einem ledigen, furztrockenen, früh ergrauten Mittvierziger. Er vermietete drei Zimmer seiner Wohnung an Studentinnen. Männerbesuche verboten. Zwei standen leer, das billigste nahm ich. Ein höhlenartiges, dunkles Zimmer mit Blick auf den Lüftungsschacht. Dort lebte ich wie ein Grottenolm. Um wenigstens mobil zu sein, kaufte ich mir ein altes Piaggio-Mofa. Ich fühlte mich richtig italienisch. Aber auch unendlich allein, denn ich kannte absolut niemanden. Die Arbeitskollegen hatten alle ihr eigenes toskanisches Leben. Ich war die Praktikantin, die eh bald wieder geht. So verbrachte ich meine Mittagspausen und Abende meist in meinem Zimmer bei italienischen Seifenopern und Cremosi-Keksen. Ein fernguckender, unentwegt essender Höhlenbewohner. Bis ich mich von Kleidergröße 36 auf 40 raufgefuttert hatte. Auweia! Meine Schulfreundin Babsi war zur gleichen Zeit als Au-pair-Mädchen in England. Wir schrieben uns regelmäßig. Handys gab's ja noch nicht. Babsi hatte Fish and Chips-bedingte ähnliche Figursorgen, aber wenigstens Familienanschluss.

Ich beschloss, dass meine Einsamkeit ein Ende haben müsse. Es konnte nicht angehen, dass ich in Italien, dem Land meines Herzens, dessen Sprache mir akzentfrei quasi zugeflogen war, ein halbes Jahr Mürbeteig mampfend unter Tage verbrachte. Oder war das verspätete Trauerarbeit wegen meines Vaters? Auf alle Fälle konnte es so nicht weitergehen. Ich musste etwas unternehmen. Nur was? Alleine in Bars gehen? Keine gute Idee. Die Cremosi-Kekse verstecken? Schon besser. Glaubersalz kaufen und dann zwei Wochen lang nichts essen? Genau. Damit begann auch mein Geist Schlacken abzuwerfen und sich neu zu ordnen.

Wundersamerweise zogen in dieser Zeit zwei gleichaltrige italienische Studentinnen in die leerstehenden Zimmer ein, Santa und Manuela. Auch sie waren neu in Florenz. Endlich Leben in der Bude! Wir machten gemeinsam die Stadt unsicher, kochten zusammen, schmuggelten Jungs in die Wohnung und trieben Vermieter Tullio mit Badbesetzungsaktionen in den Wahnsinn. So, wie es sich für 20-jährige Mädchen gehört. Mein Praxissemester ging auf diese Weise rasend schnell zu Ende. Wie schade! Es hatte sich nun doch noch so nett gelebt a bella Firenze! Trotzdem freute ich mich auch wieder auf Garmisch, unsere WG in München und meine Studienfreunde.

Ruckzuck gingen nun die nächsten drei theoretischen Semester ins Land. Marketing, Touristik, Englisch und Französisch waren ja ganz nett. Aber Material- und Fertigungswirtschaft, Steuerrecht oder Bilanzierung gehörten ebenfalls zum Studium. Und diese Fächer lösten zuweilen akuten Brechreiz bei mir aus ... Aber was soll's. Augen zu und durch. Bestimmt sind auch Finanz- und Investitionswirtschaft zu irgendetwas gut. Zieh ich mir das halt rein. Nunmehr italienisch geprägt, hatte ich eine entspanntere Einstellung zum Studium und meinem Leben entwickelt. Positiver, offener. Es kommt, wie es kommt, war mein Credo. Sieh es als Qual und es ist Qual, sieh es als Vergnügen und es ist Vergnügen. Ich hatte Loslassen gelernt und zog nun neue Bekanntschaften förmlich an. Es ist schon verrückt: Ist man traurig und einsam und sucht verzweifelt nach Liebe und Anerkennung, bekommt man höchstens noch zusätzlich eins auf den Kopf. Was willst du Jammerlappen denn, scheint das Schicksal zu höhnen. Und sobald man aufhört zu suchen, kommt etwas ins Rollen. Das unverkrampfte Lächeln gelingt wieder und plötzlich findet man alles: neue Vertraute und Weggefährten, neue Ideen und einen neuen Horizont.

Die Auswahl des Unternehmens für mein zweites Praxissemester traf ich bewusster als beim ersten Mal. „Hotel- und Restaurantmanagement" hatte mir als Fachhochschul-Seminar besonders viel Spaß gemacht. Das Praktikumsangebot des Münchner „Park Hilton"-Hotels kam darum gerade recht. Gesucht wurde eine Praktikantin für die PR-Abteilung. Au ja, das wäre was! Und Glück gehabt: Ich wurde genommen! Im Februar 1989 begann ich mein zweites Praxissemester im Paralleluniversum eines internationalen Luxushotels. Veranstaltungen und Gala-Empfänge organisieren, Film- und Fotoaufnahmen koordinieren, Pressemitteilungen schreiben, Verteiler stricken, VIPs und Journalisten betreuen – das war nach meinem Geschmack. Ich habe das anscheinend auch alles recht gut hinbekommen, denn ich bekam zum Schluss ein ziemlich nettes Zeugnis, das mir bescheinigte, „stets zur vollsten Zufriedenheit" gearbeitet zu haben. Ich stand ja auch „außerhalb der festgelegten Arbeitszeiten gerne zur Verfügung", zum Beispiel an meinem Geburtstagsabend und am Ostersonntag. Vielen Dank auch. Aber egal. Hab viel gelernt. Und einen Schimmer davon bekommen, in welchen Bereich ich nach dem Studium gehen könnte. Also vielen Dank, ehrlich gemeint.

So. Blieb noch ein Semester. Abschlussprüfungen. Diplomarbeit: „Die Anwendung der kommunikativen Marketinginstrumente Werbung und Public Relations und ihre Bedeutung für die Hotellerie". Eine glatte Eins gab's dafür. Geil. Das klingt jetzt alles ziemlich ratz fatz. Aber so wankelmütig ich zu Beginn des BWL-Studiums gewesen war, so schnell waren die neun Semester auch schon vorbei. Am 14. März 1991 hielt ich meine Diplomurkunde in den Händen. Stolz, aber mit einer Menge neuer Fragezeichen

im Kopf. Denn wieder war ein Lebensabschnitt zu Ende. Ich wurde aus dem „letzten Zuckerl des Lebens", aus
dem mittlerweile vertrauten Studentendasein, in ein neues,
unbekanntes Universum gespuckt. Und wieder hieß es:
Was nun?

## Gretchenfrage zweiter Teil:
## Diplom – und was jetzt?

Nun stand ich also wieder da, ich armer Tor, und war so klug als wie zuvor … Na ja, nicht ganz. Ein bisschen hatte ich mir studierenderweise schon ins Hirn gequetscht. „Wenn Sie nur 10 Prozent dessen behalten, was Sie im Studium gelernt haben, ist das hervorragend", beruhigte mich einer unserer Professoren nach der Verabschiedung. Für die restlichen 90 Prozent reiche es, wenn man wisse, wo man nachschlagen könne. Ach so, na dann konnte ich ja beruhigt in die Welt hinausziehen. Ich durfte mich zwar jetzt „Diplom-Betriebswirtin" nennen, doch stand ich – wie vier Jahre zuvor nach dem Abitur – erneut vor der Frage: Was mach ich jetzt?

Zunächst wollte ich mich von den 90 Prozent überschüssigem Wissensballast befreien. Den ließ ich mir auf Sri Lanka gemeinsam mit zwei weiteren Studienfreundinnen aus dem Kopf brennen. Wieder zurück in Deutschland, gab es kein Entrinnen mehr. Ich musste mich der Wirklichkeit stellen und meine verbliebenen 10 Prozent Gehirnschmalz darauf verwenden, wie ich künftig mein Geld verdienen wollte. Die Richtung war mir so ungefähr klar: Marketing, Menschen, Kommunikation, Werbung, Organisation. Auf diese Schlüsselwörter hin begann ich die Stellenanzeigen zu sondieren. Gleichzeitig überlegte ich mir, bei welchem Unternehmen es mir gefallen könnte. Der Ort war mir damals ziemlich wurscht. Im Sommer, Herbst und Winter 1991 schickte ich Dutzende von Bewerbungen ab. Ich bewarb mich als Werbetexterin,

Marketingassistentin, Hotel-Trainee, als Produktmanagerin, rechte Hand der Geschäftsführung, Pressereferentin, Mitarbeiterin für Öffentlichkeitsarbeit, als eierlegende Wollmilchsau. Das Resultat: viele nett formulierte Absagen, wenige Einladungen. Angesichts der Vielzahl von Studienabgängern, die alle „irgendwie ins Marketing" strebten, war es ausgesprochen schwierig, irgendwo unterzukommen. Viel gesucht, rein gar nichts gefunden, hieß es seinerzeit folgerichtig für mich. Anfang Dezember wollte ich schon die Flinte ins Korn werfen, als ich zufällig die Anzeige einer internationalen Presseagentur las: „Jungredakteurin / PR-Assistentin für unser Münchner Büro gesucht." Das war's. Das sprach mich an. Das konnte ich. Schließlich hatte ich das zweite Praxissemester in einer PR-Abteilung verbracht. Also nichts wie beworben, vorgestellt, und – genommen! Mein erster „richtiger" Arbeitgeber hieß damit „Reporter PR GmbH". Pünktlich zum 24. Dezember 1991 hatte ich meinen Arbeitsvertrag im Briefkasten. Ein ausgesprochen schönes Weihnachtsgeschenk. Nun musste ich mir endlich nicht mehr den Kopf darüber zerbrechen, was aus mir werden sollte. Ich hatte eine neue Perspektive. Ich war erleichtert. Gleichzeitig spukte ein merkwürdiger Gedanke durch meinen Kopf: „Jetzt kommst du nicht mehr aus, ab jetzt bist du drin in der Mühle". Am 7. Januar 1992 begann sie sich zu drehen. Ich startete in mein Berufsleben.

Der Gedanke an die Tretmühle verflüchtigte sich rasch, denn mein neuer Job gefiel mir. Ich hatte nette Chefs und hilfsbereite Kollegen. Ich wurde nicht ins kalte Wasser geworfen, sondern durfte nachfragen. Man nahm mich an die Hand, ließ mich aber gleichzeitig an der langen Leine. So konnte ich in die selbstständige Arbeit hineinwachsen.

Ich setzte Kreativität, Biss, Engagement ein und durfte schon bald eigenständig Kundenprojekte betreuen, z. B. die Markteinführung von Aral in der damaligen Tschechoslowakei oder PR-Aktionen zum „Philip Morris"-Forschungspreis. Eine spannende Zeit, in der ich Presse- und Öffentlichkeitsarbeit sowie das Agenturhandwerk von Grund auf lernte. Ich arbeitete mich hoch. In den „Leistungskader", wie es so schön im Agenturdeutsch heißt. Nicht weil ich karrieregeil war, sondern weil ich Spaß daran hatte, Projekte erfolgreich durchzuziehen. Etwas zu bewegen. Ergebnisse zu sehen. Nach zweieinhalb Jahren kam das Aus. Die Mutteragentur schloss aus wirtschaftlichen Gründen alle Außenbüros. Tja, da stand ich nun schon wieder. Aber immerhin ein klein wenig klüger und mit etwas Konkursausfallsgeld sowie neuen Titeln in der Tasche: Ich war nicht mehr nur Diplom-Betriebswirtin, sondern auch PR-Beraterin und Redakteurin. Nur leider ohne Job. So wechselte ich im Jahrhundertsommer 1994 wieder ins Lager der Arbeitssuchenden. Aber ganz langsam, mit vielen kleinen Abstechern und Ablenkungsmanövern. Ich wollte einfach nicht schon wieder suchen müssen. Was mussten die auch Konkurs machen. Mensch.

## Gretchenfrage dritter Teil:
## PR-Beraterin – aber wohin?

Lustlos begann ich erneut die Stellenanzeigen durchzublättern. Na ja, eher zu überblättern. Denn meist blieb ich bei den verschiedenen Kleinanzeigen hängen. Mir fehlte die Ernsthaftigkeit, der unmittelbare Handlungszwang. Es lastete ja – noch – kein finanzieller Druck auf mir, nur ein mentales Unwohlsein. Denn ich galt als arbeitslos. Dieser Status war mir nicht geheuer. Nicht, weil er mir peinlich war, sondern weil er bedeutet, ständig in der Schwebe zu sein. Amtlich verordnet immer auf der Suche, mit der Aufgabe, so schnell wie nur möglich wieder Arbeit zu finden. Ich versuchte, diesen Druck nicht übermächtig werden zu lassen. Zumal mein Bauchgefühl mir sagte: „Lass es langsam angehen, nutz diese Zwangspause, um Atem zu holen. Du findest schon wieder einen Job, der zu dir passt."

Also gab ich mir zwei Monate, in denen ich die Stellenanzeigen nur oberflächlich ansah. Selten war etwas dabei, was mich ansprach. Aber ich wollte auch nicht gänzlich untätig sein. Jetzt bitte nicht lachen: Ich fing an, die Tieranzeigen rauf und runter zu schmökern. Da, zwei niedliche kleine Kätzchen zu verschenken! Oder vielleicht sollte ich mir ein Sommerpferd anschaffen? Nette Idee. Nur, was mache ich dann damit, wenn ich irgendwann selbst wieder arbeite, wo auch immer? Also nichts mit Sommerpferd. Aber hier, das war's: „Liebevolle Urlaubsbetreuung für Paul, 4 Jahre, gesucht." Das war der Anfang eines kleinen sommerlichen Nebenverdienstes und zeitlich begrenzten Kindheits-Revivals: Ich wurde Hunde-sitter! Den Anfang machte tatsächlich Paul, ein weißer West Highland-Terrier, der eine Woche lang bei mir wohnte. Danach hütete ich pubertierende Rottweiler, sab-bernde Doggen und scheidungsverwaiste Schäferhunde. Mit ihnen schlappte ich durch die Münchner Parks und wanderte durch die Garmischer Berge. Schöne Zeiten! Was sah ich gesund und zufrieden aus. Bald konnte und wollte ich gar nicht mehr ohne vierbeinigen Begleiter sein. Wenn ich keinen „Auftragshund" hatte, fuhr ich ins Tierheim und ging mit meinen favorisierten Fellhaufen Gassi.

Natürlich dachte ich beim entspannten Spazierengehen auch über mein Leben nach, darüber, was ich denn tun sollte bzw. wollte und vor allem, dass ich irgendwann auch ernsthaft damit anfangen sollte. Plötzlich kam sie, die Idee, so simpel wie logisch: Ich werde einfach selbst eine Stellenanzeige aufgeben. Vielleicht sucht ja jemand eine wie mich, eine mittlerweile praxiserprobte Öffent-lichkeitsarbeiterin? Einen Versuch war es allemal wert, fand ich. Und seine Vorzüge und Wünsche einmal schrift-lich aufzulisten schadet auch nicht.

Am erfolgversprechendsten schien mir dafür die Zeit-schrift der DPRG, der „Deutschen Public Relations Ge-sellschaft" als Berufsverband für Öffentlichkeitsarbeit. Die Anzeige erschien, kostete nicht die Welt, und offenbar war das Glück einmal mehr auf meiner Seite. Eines Nachmit-tags, als ich gemütlich mit meinem neuen vierbeinigen Pensionsgast, einer spanischen Straßenkreuzermischlings-dame, auf der Couch fläzte, kam der entscheidende An-ruf. Antenne Bayern. Wie bitte? Hab' ich was gewonnen?

Nein, die Pressefrau des Radiosenders war dran. Schnell setzte ich mich aufrecht hin. In Sofa-Lümmel-Lage klingt man so lasch. Sie erklärte mir, dass sie auf meine Anzeige im DPRG-Magazin gestoßen sei. Sie sei auf der Suche nach einer geeigneten Nachfolgerin für sich selbst, da sie den Sender nach mehreren Jahren verlassen würde. Mit einem weinenden und einem lachenden Auge, wie sie betonte. Und ob ich mir nicht vorstellen könne, für Antenne Bayern die Pressearbeit zu machen. Hoppla! Das klang doch gut. Klar konnte ich mir das vorstellen! Ich plapperte munter drauflos. Wir verblieben schließlich so, dass meine Gesprächspartnerin einen Termin koordinieren würde zwischen mir, ihr, einer weiteren Verantwortlichen und dem damaligen Leiter der Abteilung Promotion und Kommunikation, Viktor Worms. Aha. Alles klar. Nein, äh, Moment mal. Der Viktor Worms? Ja, genau, der. Äh, ja, klar, also gut, bis bald dann. Nachdem ich aufgelegt hatte, wurde mir etwas mulmig. Ich hatte doch keinerlei Ahnung von Medien-PR, geschweige denn von Radio-PR! Was wollte ich denn da – ich, der arbeitslose Hundesitter! Noch dazu, wo ich alles Mögliche im Radio hörte, nur nicht Antenne Bayern. Ich suchte nach Ausreden, war ratlos. Anscheinend traute ich mir selbst gar nicht mehr zu, „richtig" zu arbeiten. Und es war ja auch tatsächlich ein völlig unbekanntes Terrain, auf das ich mich begeben wollte.

Doch nach einigen Tagen wich die anfängliche Verwirrtheit einem neuen Ehrgeiz. Schließlich war es ja bisher nur ein Angebot zu einem Vorstellungsgespräch. Mehr nicht. Nur nicht gleich verrückt werden. Langsam, obwohl noch nicht einmal der Termin stand, begann ich, auf Antenne Bayern umzuschalten. Nur mal so hören, was die so machen. Ein vages Herantasten an das neue Produkt, an den eventuellen künftigen Arbeitgeber. Gleichzeitig meldete sich meine Bauchstimme wieder: „Das könnte was für dich sein, versuch es!" Ich ließ mir Presse-Informationen kommen. Gab mich als interessierte Radiohörerin aus. Hm, nicht schlecht, was die alles auf die Beine stellen. Eine Woche später kam der Anruf des Senders. Der Termin mit allen Beteiligten stünde endlich, ob ich da denn auch Zeit hätte. Ja, klar, logisch.

Also auf nach Unterföhring, einem Münchner Vorort, dem damaligen Sitz des Senders. Es war Anfang November 1994. Für das Gespräch vorbereitet hatte ich mich nur mit Hilfe der Informationen aus der Pressemappe. Das Internet gab's ja noch nicht. Ich kannte einige Moderatoren, Aktionen und Sendungen vom Hörensagen, ich wusste, dass Antenne Bayern Fanclubs hat, wesentlich mehr hatte ich nicht zu bieten. Aber ich hatte etwas anderes in petto: ein Leuchten in den Augen. Freude an der „Herausforderung Bewerbungsgespräch". Neugier. Gute bisherige Leistungen. Unvoreingenommenheit. Und eine gewisse Unverkrampftheit, denn ich sagte mir, wenn das nichts wird, dann soll es nicht sein und es wird stattdessen etwas anderes funktionieren. Denn geht eine Tür zu, öffnet sich eine andere. Oder zumindest macht dir irgendjemand ein Fenster auf. Du musst nur die Augen offenhalten. Und dabei nicht nur die große Terrassentür im Blick haben, sondern auch mal zum vermeintlich unbedeutenden Dachfenster schielen, was manchmal ganz neue Horizonte eröffnen kann.

Diese Sicht der Dinge habe ich im Laufe meines mittlerweile 42-jährigen Lebens erfahren und – sie stimmt. Wir sollten tatsächlich mit mehr Gelassenheit an die Dinge herangehen. Damit meine ich nicht, leidenschaftslos mit einem Dosenprosecco auf dem Sofa abzuwarten, dass der Traummann oder die Traumfrau an der Tür klopft, der Lottobote die Millionen vorbeibringt oder sich sonst etwas tut. Weder Lethargie noch Fatalismus sind große Spaß- oder Glücksbringer. Nein, wir müssen die inneren Bremsklötze lösen. Oder auf gut deutsch: Wir müssen schon selbst den Hintern hochbekommen und etwas bewegen. Und wenn es nur die Hunde anderer Leute sind. Har har. Nein, im Ernst. Ich meine damit, dass wir den Boden für unser Glück oder für eine neue Chance bereiten, indem wir uns aufrappeln und die Dinge in die Hand nehmen. Und dann diesen neuen Situationen oder entscheidenden Phasen mit einer gewissen inneren Ruhe begegnen. Meinetwegen lass es uns auch Gottvertrauen nennen. Es kommt eh, wie es kommt. Wie heißt es so schön: Wenn der Mensch plant, hat Gott etwas zu lachen. Und meistens ist das unvorhergesehene Ergebnis dann besser, als das, was wir ursprünglich beabsichtigt oder gesucht hatten. Aber hinterher redet es sich immer leicht. Schon wieder ins Philosophieren gekommen. Wo war ich gerade? Ach ja, beim Vorstellungstermin. An den Verlauf des Gespräches mit den Antenne-Bayern-Verantwortlichen kann ich mich nicht mehr im Detail erinnern. Ich weiß nur noch, dass es eine angenehme, entspannte Atmosphäre war, ein Wechsel zwischen professionellem Plauderton und kompetenzforschenden Fragen. Gottseidank durchzuckten mich allerlei rhetorische Geistesblitze, ich erfand tolle Definitionen, argumentierte viel, fragte einiges und hinterfragte manches. Mit viel Mut. Vielleicht war es das, was letztendlich den Ausschlag dafür gab, dass ich den Job bekam.

## Radio macht Spaß:
## Antenne Bayern

Ab Mitte Dezember 1994 hieß mein neuer Chef also Viktor Worms und ich war fortan verantwortlich für Presse- und Öffentlichkeitsarbeit beim landesweiten Hörfunksender Antenne Bayern. Ich nannte mich „Pressetante". Für manche mag das lächerlich oder respektlos klingen, aber ich betrachte mich immer gerne selbst aus einer gewissen humorvollen Distanz. Selbst als Kommunikationsleiterin bei MTV habe ich mich immer gerne mal als Pressetante vorgestellt. Genauso wie ich mich heute manchmal als Herbergsmutti präsentiere. Ich hab's nicht so mit dem verbalen Aufplustern. Aber ich war stolz, in den Medien gelandet zu sein. Beim Radio. Radio ist etwas Besonderes. Es ist ein einzigartiges Produkt. Und genau damit durfte ich mich künftig beschäftigen. Nur, wie geht Radio-PR? Da meine Vorgängerin das Unternehmen bereits verlassen hatte und die PR-Abteilung als „One-Woman-Show" innerhalb der Abteilung Promotion und Kommunikation konzipiert war, stand ich mit meinen Fragen allein auf weiter Flur. In Sachen PR – Public Relations oder Presse- und Öffentlichkeitsarbeit – war ich zwar Spezialist, das Thema Hörfunk aber war mir völlig neu.

Ich versuchte, so schnell wie möglich alles über das Produkt Radio zu erfahren. Dazu trieb ich mich im Sender herum, saß in den Redaktionskonferenzen, löcherte Kollegen aus den verschiedenen Abteilungen. Gleichzeitig war ich immer auf der Suche nach einer guten „Story" – Neuigkeiten aus dem Programmbereich, geplante „Events" (auf gut deutsch: Veranstaltungen) oder Wissenswertes aus dem Unternehmen selbst, das ich in Pressemitteilungen packen und den verschiedenen Zeitungen anbieten wollte. Klassische Pressearbeit eben. In meinem Kopf blinkte immer die Frage: Was kann ich denn für die Presse „verwursten"? Klar, das Programm selbst. Die Künstler. Die Moderatoren. Die Events. Das Unternehmen. Und parallel das Thema Öffentlichkeitsarbeit: Wer sind denn überhaupt die für mich wichtigen Öffentlichkeiten? Da gibt's ja mehrere. Journalisten. Hörer. Werbekunden. Multiplikatoren. Also Menschen, die Meinung machen. Politiker zum Beispiel. Aber an die traute ich mich erst später ran.

Nebenbei arbeitete ich daran, eine vernünftige Organisationsstruktur in meinem kleinen Büro aufzubauen: Redaktionsadressen, Kontakte, Verteilersysteme, Bildarchiv, Dokumentation, Kommunikationskanäle. Spät abends erledigte ich meine Fleißaufgabe und bestückte das betriebsinterne schwarze Brett mit meinen neuesten Pressemitteilungen, Fotos und Informationen. Klingt lustig im Zeitalter von Inter- und Intranet, oder? Ich ackerte, ohne die Stunden zu zählen, denn ich ging in meiner Beschäftigung auf und ich wollte es wissen.

Gleich zwei Monate nach meinem Start bei Antenne Bayern durfte ich ein Moderationsseminar besuchen. War das cool! Ich übte Sendungen moderieren, Verpackungselemente einsetzen, Musiktitel mixen … Mit der Hand am Hebel und dem Mund am Mikrofon begriff ich schnell das Wesen und Herz des Hörfunks. Je mehr ich mich in die Materie hineinkniete, desto rascher war mir klar, dass Radio-PR unendlich vielfältige Möglichkeiten bot und ich mit Antenne Bayern ein spannendes und dankbares

Produkt dafür hatte. Der Slogan, mit dem der Sender damals warb, stimmte: Radio macht Spaß. Und woran man Spaß hat, macht man gut. Bereits nach zweieinhalb Monaten wurde meine Probezeit vorzeitig beendet, was auch hieß, dass ich mehr Geld bekam. Auch nett.

Mein erstes Jahr wurde vorwiegend bestimmt durch Programm- und Event-PR: Presse-Infos „rausjagen", Pressekonferenzen für die großen Events wie Sommerfest oder „Dance on Snow" organisieren, Funkmobileinsätze promoten, Senderführungen koordinieren, Antenne-Bayern-Fanclubs betreuen, Prospekte und Autogrammkarten texten, Fotos von Prominenten im Sender zu schießen und zu veröffentlichen. Irgendwann wurde es für mich völlig normal, wenn ein Udo Lindenberg oder eine Kylie Minogue durch die Gänge liefen. Zuweilen empfing ich ja die Künstler und begleitete sie zum Interview ins Studio. Wie z. B. Bryan Adams. Während wir auf ihn warteten, hörten wir munkeln, dass er beim Konkurrenzsender das Interview abgebrochen hätte. O je … ob er dann überhaupt noch bei uns einläuft? Und wenn, vielleicht megaschlecht gelaunt? Also schnell das einnehmendste Lächeln ins Gesicht geklebt. Er kam. Kaum sah er mich, fing er an zu grinsen. Ich dachte schon, hä? Hab ich vielleicht eine Nudel auf der Nase? Nein. Plötzlich rief er erfreut in die Runde „Oh, she's so sweet!" und zeigte auf mich. Äh, na gut, thank you … Danach war das Eis gebrochen und er trabte lächelnd mit mir ins Studio. Das Interview ging locker über die Bühne, inklusive Gesang (er präsentierte seine neue CD „MTV Unplugged", Nomen est Omen …?). Anschließend aß er sogar mit uns in unserer Kantine. Natürlich hatte er seinen eigenen Koch dabei. Und natürlich saß er neben mir. Nein, ich hab mir nix darauf eingebildet. Aber es war trotzdem nett. Und Viktor, mein Chef, hatte etwas, mit dem er mich aufziehen konnte.

Ende des Jahres wurde meine One-Woman-Abteilung im Rahmen von Umstrukturierungen an die Geschäftsführung angegliedert. Ich unterstand fortan direkt dem Geschäftsführer, der den hammermäßig passenden Namen für einen Hörfunksender hat: Herrn Hörhammer. Für mich begann eine Zeit des Wachsens, denn ich wurde mit immer neuen, verantwortungsvolleren Aufgaben betraut. Mein neuer Vorgesetzter förderte mich, aber er forderte mich auch. Zunächst bockte ich. Ich hatte doch immer so Spaß mit den Programmleuten ... Doch dann nahm ich die Herausforderung an. Die neue Richtung hieß Unternehmenskommunikation. Lobbying. Kontakt zu Vertretern der Medienpolitik. Weniger operatives, mehr strategisches Arbeiten. Meine neue zusätzliche Funktion war die der Pressesprecherin. Ich kniete mich erneut rein. Dort, wo die Fäden gezogen werden, in die Hintergründe des Unternehmens. Und ich stellte fest, auch das war spannend. Da konnte man ja noch mehr bewegen! Um etwas mehr Luft zu haben, boxte ich eine Praktikantin durch: meine liebe Sabine, die bald meine Assistentin wurde und die ich später als solche auch mit zu MTV schleppte. Wir waren perfekt eingespielt, sie kannte meinen Rhythmus und ich konnte mich blind auf sie verlassen. Auch heute bin ich noch mit ihr befreundet.

Ich nahm am Management-Meeting teil und am Geschäftsführungs-Jour-Fixe. Meine Termine hießen Medienratssitzung, Landtags-Empfang oder Medientage. Nach einer Besprechung in der Staatskanzlei besuchte ich den

BILD-Wies'n-Stammtisch oder der Bayern Online Kongress stand an. Meine Dienstreisen gingen nach Köln zum Radio Day und – ein absolutes Highlight – nach Las Vegas zur weltgrößten Radiomesse NAB. Je mehr ich „rumwuselte", desto mehr Einladungen landeten auf meinem Tisch: Präsentation der Cannes-Rolle, Verleihung des Hennessy-Preises, Bravo-Birthday-Party, Start des Disney Channels, HIS, Bayerischer Fernsehpreis … Daneben standen zahlreiche Konzerte auf dem Plan. Alle Acts, die Antenne Bayern präsentierte, wollten besucht werden: Jamiroquai, Simply Red, Zucchero, Nek, Grönemeyer, Cher, Michael Jackson & friends … das waren Pflichttermine! Ich lebte nach dem Motto „Abends einen trinken, morgens für die Arbeit schminken". Für ein Leben zu zweit mit meinem damaligen Freund gab es immer weniger Raum. Ich war selten zu Hause, er arbeitsbedingt sowieso nur am Wochenende. Letztendlich trennten wir uns. Auseinandergelebt, wie man so schön sagt. Aber wir sind heute sehr gute Freunde, er wurde sogar Taufpate einer meiner Töchter.

Mein Terminkalender wurde voller, meine Kontakte zahlreicher. Im landläufigen Sinne war ich erfolgreich. Ein guter Zeitpunkt, um selbst einen Event ins Leben zu rufen: den Antenne Bayern Medienstammtisch, zu dem regelmäßig Journalisten und prominente Gäste eingeladen wurden. Mein Netzwerk wuchs kontinuierlich. Ich erhielt viel Lob und wurde geschätzt. Bei Antenne Bayern bekam ich schließlich nicht nur einen der begehrten Tiefgaragenplätze, sondern auch eine weitere Funktion: Ich wurde stellvertretende Leiterin der Abteilung „New Business Development", die sich um die Entwicklung neuer Geschäftsfelder und Kooperationen kümmert. Auf zwei Projekte, die ich in diesem Bereich auf die Beine stellte, war ich besonders stolz: die Zusammenarbeit mit der Fluglinie Condor (dabei wurde das Antenne-Bayern-Programm in das Bordprogramm eingespeist) und die Ausstrahlung am Gardasee. Auch „on Air", also im Radio, war ich mittlerweile zu hören: Zusammen mit dem damaligen Nachrichtenchef Uwe Hackbarth sprach ich regelmäßig die Horoskope für Antenne Bayern. Eine Sprecherausbildung hatte ich bei ihm bereits früher absolviert. Die Horoskope ergaben sich dann einfach mit der Zeit. Und ich war Svetlana Djnepopetrowskaja Dobrowolski Boschenka-Njemcic. Oder so ähnlich – die Stimme der Putzhilfe in Willy Astors Comedy-CD „Die Feuchtgrubers".

Mein halbes Jahrzehnt bei Antenne Bayern war eine anstrengende, aber schöne Zeit, mit einigen Tiefs, aber insgesamt vielen Hochs. Ich lernte eine Menge für den Job, noch mehr fürs Leben und viele interessante Menschen kennen. Mit einigen entstanden richtige „Schneckenfreundschaften", die heute noch bestehen, zum Beispiel mit Katrin Müller-Hohenstein, die damals ebenfalls bei Antenne Bayern war und heute beim ZDF das „Sportstudio" moderiert. Sie hat mein Wesen genau erkannt: „Das verrückteste Huhn, das ich kenne." Was haben wir lustige und unvergessliche Geschichten zusammen erlebt! Powershoppen in Miami, spontane Spanienurlaube, ausgiebige Black-Jack-Abende, Sushi-Kurse. Ich spielte ihr auf der Blockflöte „Smoke on the water" von Deep Purple, was sie prompt sendete. Auch ein Spitzname aus dieser Zeit blieb mir: „Pebbles". Ich hatte damals öfters eine Art Hochsteckfrisur, die ich mit einem Plastikknochen zusammenhielt. Daher Pebbles, nach dem Baby der Familie Feuerstein. Mein lieber Freund Stephan Lehmann,

Antenne-Bayern-Moderator und FC-Bayern-Stadionsprecher, hatte den Namen damals geprägt. Und er nennt mich heute noch so. Mit zahlreichen weiteren damaligen Bekanntschaften habe ich – trotz der Entfernung – heute ebenfalls noch netten Kontakt, z. B. mit Miro Nemec oder mit Markus Söder, den ich bereits seit seiner Zeit als Vorsitzender der Jungen Union kenne. Kinder, wie die Zeit vergeht! Damit sind wir auch schon im Jahr 1999.

## Der Ruf des Fernsehens –
## Einstellungsgespräche beim Hosenträgernähen

Beruflich saß ich fest im Sattel, ich fühlte mich wohl in meinem Leben und war nicht im Geringsten auf der Suche nach etwas Neuem. Doch es fand mich. Mitte September, an einem Freitagabend, rief die damalige Geschäftsführerin von MTV Central Europe bei mir an, Christiane zu Salm. Sie sei auf der Suche nach einer neuen Leitung für die Abteilung Presse- und Öffentlichkeitsarbeit, weil der Fernsehsender von Hamburg nach München ziehe und der aktuelle Presseverantwortliche nicht mitkäme. Ich sei ihr empfohlen worden. Ob ich mir nicht vorstellen könne, die Kommunikationsarbeit für MTV zu machen. Peng.

In den Jahren zuvor waren mir immer wieder mal andere Jobs angeboten worden. Ich hatte stets abgelehnt, schließlich fühlte ich mich wohl beim Radio. Dies galt eigentlich nach wie vor, wie ich auch auf diese neue Anfrage hin sinngemäß antwortete. Allerdings mit Betonung auf „eigentlich". Denn ich gehöre zu den Menschen, die selten von vornherein etwas abblocken, sondern sich erst einmal alles anhören, um letztlich den Bauch entscheiden zu lassen. Christiane zu Salm wiederum gehört zu den Menschen, die auch dem sprichwörtlichen Eskimo noch einen Kühlschrank verkaufen könnten. Eine Fingerwicklerin. Und eine, die für das, was sie tut „brennt" und jeden mitreißen kann. Dieses Gespräch war anders als die vorhergehenden gespreizten Telefonate mit Personalberatern und Headhuntern. Es war reizvoll. Spannend. Es war aber schon deswegen anders, weil Frau zu Salm persönlich anrief und nicht irgendeinen Personalfuzzi vorschob. Das Resultat des Gespräches war, dass ich ja „eigentlich gar nicht wechseln will, aber reden kann man ja immer mal". Daran erinnere ich mich noch wörtlich. Ich war neugierig, die „Pop-Prinzessin" (wie sie in der Branche zuweilen genannt wurde) kennenzulernen, und wir vereinbarten für die darauffolgende Woche einen Termin in München. Auch an einem Freitagabend.

Frau zu Salm empfing mich mit einem strahlenden, offenen Lachen. Das gefiel mir. Sympathisch. Powerfrau. Geradeheraus. Nicht gestelzt. Das ist meine Welle als Bauchmensch. In einer wunderbar unverkrampften Atmosphäre konnten wir uns beschnuppern und dabei die harten Fakten für jede Seite abklopfen. Was braucht MTV und was will ich? Was bietet MTV und was bringe ich mit? Entspannt war dieses persönliche Gespräch für mich auch deswegen, weil ich ohne Druck agieren konnte. Ich hatte ja einen guten Job, in dem ich mich sehr wohl fühlte, stand also nicht unter dem Zwang, auf Teufel komm raus eine Stelle erheischen zu müssen. Ich konnte mir die Dinge ganz locker einfach mal anhören. Und was ich hörte, begann immer mehr an Anziehungskraft zu gewinnen. Dass Musikfernsehen per se spannend ist, darüber brauchen wir nicht zu reden. Und dass ich mit Frau zu Salm gut zusammenarbeiten könnte, sagte mir mein Bauch. Frauengefühl halt. Stimmt aber meistens. Lange Rede, kurzer Sinn: Frau zu Salm lud mich für die darauffolgende Woche zu MTV nach Hamburg ein, damit ich mir einen Eindruck verschaffen konnte, um weitere Details abzuklären und das MTV-Management kennenzulernen, dessen Teil ich werden sollte.

Am 4. Oktober 1999 flog ich nach Hamburg. Und die „Chemie" stimmte. Job, Stimmung, Umfeld und Leute sprachen mich an. Auch duzten sich alle bei MTV, was ich von Antenne Bayern her gewohnt war und mochte. Ja, ich konnte mir gut vorstellen, künftig für MTV zu arbeiten. Genauer gesagt: die Kommunikationsarbeit für den gesamten deutschsprachigen Raum, also Deutschland, Österreich und die Schweiz zu übernehmen. Es war ein geiles Angebot. Ja, auch kohlemäßig. Ein Jahresgehalt im sechsstelligen Bereich lockte. Und dass nach Radio die logische nächste Stufe Fernsehen heißt, erschien mir auch klar. Nach fünf Jahren Hörfunk konnte man seinen Horizont durchaus mal um den Aspekt Television erweitern. Darin hatten mich auch viele meiner Freunde in vorhergehenden Gesprächen bestätigt. Meine innere Stimme legte ebenfalls kein Veto ein. Ich sagte zu. Denn wer lange sinnt, beginnt nicht, und wer nicht beginnt, gewinnt nicht. Meinen die Araber. Wohl wahr. Am selben Abend flog ich nach München zurück, überrascht von meinem eigenen Mut, aber guter Laune und guter Dinge. Mein Vertrag kam postwendend. Nun hieß es, auch Antenne Bayern reinen Wein einzuschenken und zu kündigen. Zum Ende des Jahres. Dieses Mal war ich diejenige, die – wie meine Vorgängerin – mit einem weinenden und einem lachenden Auge den Sender verließ. Mein Chef Herr Hörhammer bedauerte meinen Entschluss zwar, zeigte aber auch Verständnis, dass man so ein Angebot eigentlich nicht ablehnen kann.

In den kommenden drei Monaten waren hundert Dinge gleichzeitig zu tun: Einerseits lief mein Job bei Antenne Bayern mit Volldampf weiter, und eine passende Nachfolgerin wollte ich auch noch gerne suchen. Andererseits kümmerte ich mich bereits um MTV-Belange, besonders abends und am Wochenende: Agenturmeetings, Konzepte, Absprachen, Fotoshootings, Vorbereitungen für die Münchner MTV-Einweihung Mitte November. Ich musste schnellstmöglich mein sechsköpfiges Kommunikationsteam für MTV aufbauen und die Neueinstellungen organisieren, was einen Marathon an Bewerbungsgesprächen bedeutete. Meine Assistentin Sabine, seit vier Jahren bei Antenne Bayern an meiner Seite, konnte ich ja glücklicherweise zu MTV „mitnehmen". Fehlten also noch fünf weitere Leute. Ein Tag, an dem Sabine mir mehrere Bewerbungsgespräche organisiert hatte, war besonders skurril, denn an diesem Tag war ich außerdem zum Hosenträger-Nähen auf der Auer Dult engagiert. Die Auer Dult ist ein kleiner, kultiger Jahrmarkt in München. Und dort hatte ich mich am 23. Oktober 1999 im Rahmen der Antenne-Bayern-Aktion „Der Blaue Freitag" an die Nähmaschine gesetzt, um Hosenträger zu nähen. Beim „Blauen Freitag" vertreten Mitarbeiter des Senders gestresste Menschen, damit die mal frei haben. Der Hosenträgernäher durfte also blau machen und ich nähte und nähte, mit Presse und Fotograf. Dazwischen fuhr ich immer mal wieder in ein naheliegendes Café, um Gespräche mit Bewerbern zu führen. „Hallo, ich bin Ihre zukünftige Chefin, aber jetzt muss ich wieder zum Hosenträgernähen." Das hab ich natürlich so nicht gesagt, aber am nächsten Tag konnten es ohnehin alle in der Zeitung lesen.

In derselben Zeit bin ich auch noch umgezogen, in ein kleines, älteres Haus am Englischen Garten mit drei Zimmern und riesigem, verwunschenem Garten. Mein geliebtes Hexenhäuschen. Endlich hatte ich eines gefunden, und dann auch noch zu einer bezahlbaren Miete. Es musste nur noch ein wenig renoviert werden. Und da ich weder Zeit noch Talent dazu hatte, rief ich meine Freundin Mimi an, von der ich wusste, dass sie viele praktisch veranlagte und handwerklich begabte junge Männer kannte. „Ruf doch den Mike an, der ist selbstständiger Messebauer und momentan ist nicht so viel los", meinte Mimi, „aber pass auf, der sieht gut aus!" Letzteres war mir gänzlich wurscht, schließlich wollte ich den Mann ja nicht heiraten, er sollte mir nur mein Haus renovieren. Allerdings zickte er zunächst, wollte nicht Tapeten abkratzen und Löcher zuspachteln, aber ich tschilpte und flötete, bis er schließlich zusagte. Da er kein Auto hatte, holte ich ihn ab. An einem Sonntagnachmittag im November 1999, ungeschminkt und im hässlichsten Renovieranorak. Er stieg ein, ich sah kurz zu ihm hinüber, um ihn zu begrüßen, und – du meine Güte, war das eine Granate! Ein solch gutaussehendes Mannsbild hatte ich ja schon lange nicht mehr von nahem gesehen. Groß, kräftig, Charakterkopf. Zum Niederknien. Mike war etwas wortkarg, was ich meiner schmuddelig-verlotterten Jacke zuschrieb. Und der fehlenden Wimperntusche natürlich. Na toll, da steigt ein Sahneschnittchen zu mir ins Auto und ich sehe aus wie ein Proll. Gute Fee, wo bist du? Zauber mich schnell schön! Aber es half nix. Egal. Tat ich halt megacool. War ja eh bald bei MTV. Und genug zu tun bei Antenne Bayern hatte ich auch noch. Was will ich mich denn da jetzt emotional reinstressen. Also abgehakt.

Die nächsten Tage war ich viel unterwegs, Geschäftsessen, Horoskope sprechen, Abschiedspartys, die Nachfolgerin einweisen (ich hatte eine nette neue „Pressetante" für Antenne Bayern gefunden), Sachen fürs Haus besorgen,

Kisten packen, Weihnachtsfeiern. Mike renovierte. Ich holte ihn dazu regelmäßig ab. Doch schon bald klinkte ich mich bei den Renovierungsarbeiten verstärkt ein. Nicht, weil ich so eine unentbehrliche Handwerkerin bin, sondern weil wir uns immer besser verstanden und ich irgendwie Schmetterlinge im Bauch fühlte, wenn ich in seiner Nähe war. Oje, auch das noch! Aber es war nichts mehr zu machen: Er kam, sägte und siegte. Weil Liebe ja bekanntlich durch den Magen geht und renovierende Männer ständig hungrig sind, fing ich an, ihn zu bekochen. Beziehungsweise, ich bat meine Freundin Gabi, eine begnadete Köchin, mir ihre Spezialität „Chicken Curry" vorzukochen, um sie Mike dann als meine eigene kochtöpfische Heldentat vorzusetzen. Was war Gabi für ein Schatz! Kaum rückte ich mit Mike im Schlepptau an, schlich sie sich aus dem Haus, ein köstlich riechendes Curry hinterlassend. „Ich hab' heut für dich vorgekocht", säuselte ich. Er sagte wenig, aß dafür aber umso mehr. Ein untrügliches Zeichen. Es schmeckte ihm. Und, nein, ich hatte kein schlechtes Gewissen, ich hatte nur ein Ziel. Ihn. Aber weder Zeit noch Muße, selbst so gewandt den Kochlöffel zu schwingen. (Keine Sorge, inzwischen habe ich das längst gebeichtet … und einigermaßen kochen kann ich mittlerweile auch.)

Am 21. Dezember holte ich meinen Firmenwagen bei MTV ab, am 23. war mein letzter Tag bei Antenne Bayern und am 24. fuhr ich nach Garmisch, um Weihnachten bei meiner Mutter zu verbringen. Nicht ohne mich zuvor von Mike zu verabschieden, der sogar ein Geschenk für mich hatte. Etappenerfolg! Wieder zurück in München, verbrachte ich die freien Tage zwischen Weihnachten und Silvester ausschließlich mit Mike. Zwischen Teppichgeschäften und Maler-Fachhandel, Ikea und Obi. Interessant war, dass Mike neuerdings in der Wir-Form sprach: Was machen wir heute Abend? Was essen wir morgen? Den historischen Start ins neue Jahrtausend erlebten wir ebenfalls gemeinsam. Ab diesem Zeitpunkt waren wir – irgendwie – zusammen. Die meiste Zeit war Mike ja sowieso bei mir in meinem Hexenhäuschen. Nicht mehr als Renovierer, sondern als fast ständiger Mitbewohner. Ich fühlte irgendwie, dass er der „Richtige" war. Genauso sicher war ich, mit MTV die richtige Entscheidung getroffen zu haben. Darin bestärkte mich auch eine ganz zauberhafte Weihnachtskarte von Christiane zu Salm, die ich mir bis heute aufgehoben habe: „Liebe Angie, es hat sich auf jeden Fall gelohnt, so lange auf die richtige Pressechefin zu warten! Vielen Dank, dass Du Dich in den letzten Monaten schon so engagiert hast. Ich freue mich sehr auf unsere Zusammenarbeit und unsere gemeinsamen Erfolge!" Mittlerweile duzten wir uns. Wenn ich also im Folgenden nur noch von Christiane spreche, meine ich damit Christiane zu Salm, die Geschäftsführerin von MTV Central Europe.

## Mittendrin im Medienhype:
## Mein Jahr bei MTV


Ab dem 5. Januar 2000 war ich offizielle Leiterin der Abteilung Kommunikation, „head of press", von MTV Networks in München. Weil ich ja in den Monaten zuvor schon begonnen hatte, mich um die Belange des Senders zu kümmern, kannte ich bereits die weiteren Mitglieder des Managements: Programmdirektor, Finanzchef, Verkaufsdirektor und Marketingleiter. Auch mein Kommunikationsteam war mittlerweile komplett. Gemeinsam mit Christiane hatte ich gute Leute gefunden. Patente Pressereferentinnen, die für die verschiedenen Bereiche Veranstaltungen, Programm, Internet, Branchenpresse, Zuschauerredaktion und Sonderprojekte zuständig waren. So konnte ich nahtlos durchstarten.

Mein Part als Leiterin der Kommunikationsabteilung ist für Branchenfremde vielleicht schwer fassbar; ich will dennoch versuchen, die Aufgabe kurz zu beschreiben, auch wenn's vielleicht dadurch die nächsten Zeilen etwas staubt. Sagen wir mal so: Ich war diejenige, die die Inhalte vorgab und den Kopf hinhielt, die verschiedenen Kommunikationsbereiche koordinierte und die langfristige Strategie entwickelte und präsentierte. Ich war dafür zuständig, Visionen und neue Projekte zu entwerfen, zu planen, kalkulieren und zu budgetieren, sämtliche Pressetexte zu redigieren und freizugeben, Kontakte zu Medien, Politik und Aufsichtsbehörden zu pflegen. Dabei arbeitete ich eng mit der Geschäftsführerin zusammen sowie auf internationaler Ebene mit dem „Corporate Communications

Department" in London oder – ganz oben – mit „Corporate Affairs" in New York. Als Pressesprecherin sollte ich außerdem auf alle möglichen und unmöglichen Fragen eine möglichst druckreife Antwort parat haben. Mit einem Satz: Mein Job war die optimale Positionierung und Darstellung des Unternehmens MTV in der gesamten Öffentlichkeit, also bei Medien, Meinungsmachern, Politikern, Entscheidern, Werbekunden und nicht zuletzt den Zuschauern.

MTV ist übrigens die Abkürzung für Music TeleVision – ein privater amerikanischer Fernsehsender, der ursprünglich rund um die Uhr Musikvideos zeigte. Erstmals auf Sendung ging MTV in den USA am 1. August 1981, mit dem bezeichnenden Clip „Video killed the Radio Star". Das Programm war spontan und unkonventionell und verband die beiden beliebtesten Freizeitbeschäftigungen von Jugendlichen: Fernsehen und Musik hören. Der Kanal wurde schnell zum Kult. 1987 ging MTV Europe auf Sendung. In Deutschland war der Musiksender lange Zeit nur verschlüsselt zu empfangen. So konnte sich der deutsche Clipkanal Viva in diesen Jahren zur großen Konkurrenz entwickeln, wurde aber von MTV genau im Jahr 2000, „meinem" Jahr, überholt. Die neu errungene Marktführerschaft allgemein bekannt zu machen war daher auch eine meiner Hauptaufgaben. (Mittlerweile gehört Viva übrigens zum MTV-Mutterkonzern Viacom, dem drittgrößten Medienkonzern weltweit.)

Was für ein Jahr – Fuck the millenium! MTVs Lieblings-Slogan wurde auch zu meinem geflügelten Wort. Ich war mittendrin im Medienhype. Es war superstressig, superspannend, superspaßig. Trotzdem frage ich mich heute, woher ich die Energie hatte, von morgens bis teilweise neun oder zehn Uhr abends im Sender zu sein, danach auf Veranstaltungen herumzuhüpfen oder bis spät in die Nacht mit Mike um die Häuser zu ziehen. Wahrscheinlich erfand mein Körper ständig neue Hormoncocktails aus der Kombination von neuer Liebe und neuem Job, die er in meinen Kreislauf kippte. Adrenalin, Serotonin, Dopamin und wie sie alle heißen, eine Prise Glückshormon und einen gehäuften Esslöffel Hau-rein-Hormon. Ein guter Dynamo! Tagsüber MTV, nachts Mike. Oder die Schnittmenge aus beidem. Ich konnte reinpowern und ranklotzen, oft auch am Wochenende, ich hatte Ausdauer, wenig Schlaf und war trotzdem meistens gut drauf. Und alles ohne dunkle Augenringe! (Heute brauche ich einen verdammt guten Abdeckstift, wenn ich über die Stränge geschlagen habe ...) Mein Frühstück bestand aus einem Eimerchen Kaffee, oft mit Mike und immer im Stehen genossen, anschließend einer Guten-Morgen-Zigarette auf nüchternen Magen (heute würde mir davon schlecht), dann ab in den Sender. Im Vorbeigehen ein schnelles Sandwich aus der Kantine abgegriffen und beim Überprüfen meiner E-Mails gegessen, mittags noch eines. Dazwischen: Kaffee, Zigaretten, Meetings, Telefonate, Besprechungen, Texte, Denken, kreativ sein, 150 Prozent geben. Das Abendessen stammte von der Tankstelle, weil die Läden meist bereits geschlossen hatten, oder aus dem Tiefkühlfach meines Kühlschranks. Den Ausgleich dazu bildeten Geschäftsessen, bei denen ich mich mit feinen „Schau-nicht-auf-den-Preis-Gerichten" gesund ernährte. Manchmal hatte Mike, wenn ich abends nach Hause kam, auch gekocht. Gutbürgerliche Nudeln mit Fleisch und Soße. So, wie's die Männer mögen. Gut und viel. Und bloß nichts reden müssen beim Essen. Aber das ist ein anderes Thema.

Meine Tage waren prall gefüllt mit Reisen, Terminen und Veranstaltungen. Nur hießen die jetzt nicht mehr „Radio Day" oder Hörfunkmesse, sondern PopKomm, Telemesse, Echo-Verleihung oder Video Music Awards. Gleich im Januar, meinem Startmonat, fand in der Münchner Residenz der traditionelle Neujahrsempfang für Presse, Rundfunk und Fernsehen statt. Ich fühlte mich fast wie auf einem Klassentreffen, denn neben den bekannten Medienpolitikern begegnete ich dort vielen ehemaligen Antenne-Bayern-Kollegen wieder, z. B. Tilmann Schöberl, der mittlerweile auch beim Fernsehen gelandet war. Trinken durfte man nur bis halb elf Uhr abends. Das war auch gut so, denn der nächste Tag war ja ein Arbeitstag. Und Horoskope aufzeichnen musste ich auch noch. Das machte ich für Antenne Bayern nach wie vor gerne weiter, meistens spät abends oder am Wochenende. Nicht wegen des Geldes, sondern weil mir das Horoskop-Sprechen einfach Spaß machte. Ebenso wie Musikkonzerte. Als MTV-Mensch werden einem die Karten quasi hinterhergeworfen.

Die letzten beiden Januarwochen standen allerdings ganz im Zeichen meines ersten größeren zu organisierenden Events, der „Welcome to Munich Party", auf der am 2. Februar offiziell der Umzug des Senders von Hamburg in die Isar-Metropole gefeiert werden sollte. Die Party fand in der als Szene-Club dekorierten Fußgängerunterführung unter der Münchner Maximilianstraße statt. Im Underground sozusagen. Es waren jede Menge Prominente aus Kultur, Politik, Wirtschaft und Medien gekommen, beispielsweise die Schauspieler Axel Milberg und Sunnyi Melles, Landesvater Edmund Stoiber, Staatsminister Erwin Huber und – als Hauptredner – der damals 76-jährige Viacom-Präsident Sumner Redstone.

Kurz vor meinem Geburtstag im März flog ich nach Hamburg für ein Fundraising-Dinner der Stiftung zur Förderung der Nordoff/Robbins-Musiktherapie. Im Flieger traf ich meinen ehemaligen Chef Viktor Worms. Wir teilten uns ein Taxi in die Stadt und konnten so ein bisschen plaudern, unter anderem darüber, dass wir uns am nächsten Tag beim Echo, der Verleihung des Deutschen Schallplattenpreises, ohnehin schon wieder sehen würden. Ich freute mich schon auf die Verleihung (und die Aftershow-Party …), denn es waren neben Tina Turner auch der Buena Vista Social Club dabei. An diesem Abend hatte ich einen pinkfarbenen Ledermantel an. Dazu nur soviel: Er ist inzwischen in einen Koffer gewandert, in dem ich Faschingskleider aufbewahre. Die Branchenpresse wünschte mir alles Gute zum Geburtstag und meine Freundin Gabi hatte eine Überraschungsparty organisiert. Ja, jene Gabi, die für mich damals Chicken Curry vorgekocht hatte, um Mike zu ködern, was ja auch klappte. (An dieser Stelle: Liebe Gabi, nochmals danke für alles!) Wir feierten in meiner damaligen Münchner Lieblingsbar bis in die Puppen. Am nächsten Tag fuhr ich mit Mike ganz früh auf die Zugspitze zum Snowboarden. Du liebe Güte, wo hatte ich nur die Energie her? Aber mit 34 ist man ja noch sooo jung! (Jetzt gerade allerdings, während meiner Buchschreibphase, lebe ich in einem ähnlichen Rhythmus: tagsüber Herberge und Hund, Kinder und Katzen, abends und nachts am Manuskript weiterschreiben und um sieben Uhr früh wieder raus.)

Nicht dass ich nur gefeiert hätte. Nein, nicht nur, aber auch. Partys gehörten zu meinem Job wie die regelmäßige Gesichtspflege. Alte Kontakte pflegen und neue knüpfen. Und am Morgen danach sein eigenes altes Gesicht wieder herstellen, sodass es neu und gepflegt aussieht. Meistens waren diese Abendtermine anregend und amüsant, manchmal einfach nur nervig, wenn zu viele Dampfplauderer unterwegs waren. Oder zu viele „Kniefaller", die sich fast nicht mehr einkriegen, wenn sie hören, dass du bei MTV bist.

Anfang April sollte ich im Rahmen der jährlichen Management-Konferenz meine Kommunikationsstrategie für die kommenden drei Jahre vor den Ober-Bossen aus New York und London präsentieren. Lange Abende hatte ich an meiner Präsentation gefeilt und gesessen, in der Nacht vor der Konferenz wurde sie fertig. Ich hatte neben harten Fakten und viel kreativem Hirnschmalz auch ein paar Schmunzler eingebaut. Alles auf Englisch. Ich hatte ein gutes Gefühl und vier Stündchen geschlafen. Es lief dann auch fabelhaft. Die Konferenz war extrem interessant, ich lernte jede Menge internationale Kollegen kennen, und natürlich gab es eine coole Teamparty unter dem Motto „Put your dancing shoes and your drinking head on". O ja, Tanzschuhe und Trinkkopf hatte ich in diesem Jahr des Öfteren an … Am Abend nach der dreitägigen Konferenz war ich Jurymitglied beim „Chickeria" Band-Award von „TV Today". Dann stand der mehrtägige „MTV Retreat" in Bad Gastein auf dem Terminplan, eine schöne Teamveranstaltung mit einer angenehmen Kombination aus Snowboarden und Seminaren. Der April ging zu Ende mit dem „Online Music Award" in Köln. Ich erinnere mich noch, dass ich ein – aus meiner heutigen Sicht – sehr gewöhnungsbedürftiges – pinkfarbenes Strick-Top anhatte. Am nächsten Tag ging's – nicht im Neon-Look diesmal, sondern im Business-Outfit – zu Staatsminister Erwin Huber: Staatskanzlei kucken mit nahezu dem gesamten

Münchner Team des Senders im Schlepptau. Dann schnell umgezogen und abends zum „One Night Stand" in die Münchner Elserhalle. Ein Pflichttermin u. a. mit den Bands No Doubt und Sportfreunde Stiller.

Der Mai lässt sich kürzer fassen: Eine kleine Rede in Hamburg zum fünften Geburtstag des Schwestersenders VH-1. Und eine Einladung zur Verleihung des Bayerischen Fernsehpreises im Münchner Prinzregententheater. Dort traf ich Miro Nemec wieder, den ich schon aus meiner Zeit bei Antenne Bayern kannte.

Im Juni vergrub ich mich mehr oder weniger in meinem Büro, um gemeinsam mit meinem Team die große Pressekonferenz zur bevorstehenden Marktführerschaft im Juli vorzubereiten. Außergewöhnlich und aufsehenerregend sollte sie sein. Vorher gab es noch einen kleinen „Abstecher" nach Los Angeles, um dort im Rahmen der Verleihung der „MTV Movie Awards" die Betreuung der deutschsprachigen Journalisten zu unterstützen. Ich war lediglich einen Tag lang in den USA und erinnere mich heute nur noch daran, dass Gastgeberin Sarah Jessica Parker ihr Outfit an diesem Abend zwölfmal wechselte.

Das mag vielleicht so klingen, als habe mein Leben in diesem Jahr nur aus Highlights bestanden, aus Glitzer und Glamour. Doch zwischen diesen Terminen, bei der täglichen „normalen" Arbeit, gab es auch Tage, an denen gehörig Sand im Getriebe war. Tage, an denen nichts funktionierte, sei es, dass ich selbst oder jemand anders aus dem Team Mist gebaut hatte und ich dafür von oben „abgewatscht" wurde, oder auch, dass etwas einfach nicht funktionierte, ohne dass jemand etwas dafür konnte. Die

Ansage bekam trotzdem ich. Nach zwei wütend gerauchten Stresszigaretten habe ich solche Situationen immer unter „Wieder etwas dazugelernt" verbucht. Schließlich herrscht nirgends auf der Welt immer nur Friede, Freude, Eierkuchen. Schon gar nicht in großen Unternehmen.

Langsam rückte der Termin der großen Pressekonferenz „Marktführerschaft" am 12. Juli näher. Die Tage davor verbrachte ich oft bis Mitternacht im Sender. Am Abend vor der Pressekonferenz galt es noch ein Hintergrundgespräch zwischen den wichtigsten, exklusiv geladenen Journalisten und dem Management zu organisieren. Das ging gut über die Bühne. Erste Hürde geschafft. Am 12. Juli dann, um 11 Uhr, startete die große Pressekonferenz im Münchner Wasserkraftwerk. Ja, MTV war Marktführer geworden! Und ja, die Konferenz lief richtig geil! Entschuldigung, aber ich war so stolz. Die Berichterstattung im Nachhinein konnte sich sehen lassen. Es waren eine Menge guter Presseartikel! Was mich besonders freute, war ein Dankeschön von Christiane: „Liebe Angie, herzlichen Dank für Deinen großen Einsatz zu MTVs größter Woche. Wir haben das Bestmögliche rausgeholt!" So etwas motiviert ungemein und lässt jede Träne, jeden Stress vergessen, wenn deine Arbeit gewürdigt und anerkannt wird. Also, deutsche Führungskräfte, lobt mehr! Sehr schön war auch das Mail von Europa-Chef Brent Hansen. Das hab ich genauso aufgehoben wie Christianes Karte, weil es so nett war und ich erstens nichts wegwerfen kann und zweitens so ein sentimentaler Gefühlsdusler bin. Ja, ich wein auch bei Bambi und „Free Willy". Brent hatte geschrieben: „Thanks for all the brilliant press articles and for the professional and effective tactics last week. You and Christiane are an ace team! Please take a friend out for dinner and I'll expense it ... ok?" Das ließ ich mir nicht zweimal sagen, auf Brents Rechnung einen Freund zum Abendessen einladen. Da ich sowieso vorgehabt hatte, Mike am Wochenende zum „Hip Hop Open" nach Stuttgart mitzunehmen, konnte ich das ja gleich perfekt verbinden.

Was kam denn noch so im Juli? Ach ja, der von mir einst initiierte Medienstammtisch für Antenne Bayern. Nun war ich dort als Gast eingeladen. Es hat Spaß gemacht, die alten Kollegen aus einer ganz anderen Perspektive wieder zu treffen. Für meinen aktuellen Arbeitgeber hatte ich ebenfalls bereits einen Branchentreff ins Leben gerufen: „Meet MTV" war für Herbst geplant. Um diese Zeit konnte man schön mit Tickets für die EMAs locken, den „Europe Music Awards". Aber soweit sind wir noch nicht.

Im August flog ich des öfteren für Besprechungen nach London, dann war „PopKomm" in Köln, die Messe für Popmusik und Entertainment, auf der natürlich auch MTV als Aussteller vertreten war. Allabendlich lockten diverse Partys, aber irgendwie war mein Feier-Gen mutiert und sorgte dafür, dass ich immer so gegen ein, zwei Uhr nachts im Hotelbett landete. Humane Zeiten. Auf der Telemesse in Düsseldorf war es ähnlich. Dort ging es um die Zukunft des Fernsehens. Habe ich vielleicht damals schon geahnt, dass sie nicht meine Zukunft sein wird? Quatsch. Woher denn? Ich schwächelte nur ein bisschen. Die vergangenen Monate forderten ihren Tribut.

Müßiggang war allerdings nicht drin – New York wartete. Die VMAs standen an, die „MTV Video Music Awards", außerdem ein „Communications Retreat", ein internationales Treffen von MTV-Kommunikationsleuten in der New Yorker Zentrale, direkt am brodelnden Broadway. Schön war, dass ich meine Assistentin Sabine mitnehmen konnte. Ich mag es, wenn ich vertraute Gesichter um mich herum habe. Am 6. September flogen wir nach New York, gleich am nächsten Abend startete die Show in der Radio City Music Hall. Ein gigantischer Aufwand! Wer checkt den roten Teppich, das Promi-Schaulaufen? Wer begleitet welchen Journalisten wohin? Wer ist im Press Room für wen zuständig? Wer hält wann den „Moonman" zur Übergabe bereit? Zur Information: „Moonman" heißt die Preistrophäe, die einen Astronauten auf dem Mond mit MTV-Fahne darstellt. Sie wird alljährlich an die Stars verliehen, die im betreffenden Jahr mit ihren Videoclips im Fernsehen zu sehen waren. Im Jahr 2000 gab es die Auszeichnung in 21 Kategorien. Eminem bekam gleich drei davon. In jenem Jahr war er ganz groß dabei. Aber was heißt „groß". Er war erfolgreich, ja, aber im Sinne von Körpergröße erschien er mir nicht sehr groß. Das fiel mir auf, als ich mit dem Moonman in der Hand wartend neben der Bühne stand. Ich kam ins Sinnieren: Viele bekannte Musiker sind nicht besonders groß. Du stehst daneben und denkst „Hoppla! So ein winziger Mops". Ich kenne auch eine ganze Menge klein geratener Moderatoren, alle so um die 1,60 oder höchstens 1,70 Meter Lebendgröße. Kleiner Mann ganz groß. Kann es vielleicht sein, dass Künstlertum Kleinheit kompensiert? Hm. Gute Frage, nächste Frage. Über den Zusammenhang zwischen Körpergröße und Berühmtheit gibt es bestimmt ein paar kluge psychologische Essays. Da misch ich mich nicht ein. Fiel mir halt nur so auf, als ich auf den Popo von Frau Lopez glotzte. Die ist übrigens auch sehr klein, trotz hoher Hacken, kann aber gut mit ihrem Hintern wackeln.

Deswegen hat sie ja auch in der Kategorie „Bestes Dance Video" gewonnen. Wer war denn noch da, ach ja, Britney Spears, auch so ein laufender Meter. Sie trat auf. Mit „Oops!… I did it again". Damals war sie gerade 18 Jahre, auf dem Höhepunkt ihrer Karriere und richtig gut! Sie hatte einen Smoking an, den sie dann von sich riss, sodass jeder zunächst dachte, sie sei nackt. Es kam aber ein hauchzartes, fleischfarbenes Outfit zum Vorschein, ein „Nichts" halt. Das hatte Stil. Im Gegensatz zu ihrem Auftritt sieben Jahre später, ebenso bei den Video Music Awards. Oje … Aber lassen wir das.

Am 13. September waren Sabine und ich zurück in München. Die nächsten beiden Tage sortierte ich meinen Schreibtisch und übergab die wichtigsten Dinge an mein Team, denn endlich kam ich dazu, Urlaub zu machen. Ausspannen, abschalten, Akku wieder aufladen und Zeit zu zweit, denn Mike hatte ebenfalls frei. Wir wollten irgendwohin, wo es sonnig ist. Wurscht, wo. Aus meiner Condor-Kooperation bei Antenne Bayern hatte ich noch einen Nahstrecken-Fluggutschein für zwei Personen. Damit kam man beispielsweise bis nach Tunesien. Warum also nicht dorthin? Dass mit dieser banalen Entscheidung ein Stein ins Rollen kam, wusste keiner von uns beiden. Oder mit einer Prise Prosa: Das Jahr war noch nicht zu Ende, da kam für mich die Wende. Oder war das jetzt ein Schüttelreim?

## Kleiner Urlaub mit großen Folgen:
## Die tunesische Schicksalsbekanntschaft

Unser erster gemeinsamer Urlaub begann quietschvergnügt – nicht zuletzt, weil Mike und ich am Vorabend noch kräftig auf dem Oktoberfest gefeiert hatten, aber bereits um vier Uhr früh am Münchner Flughafen sein mussten. Da lohnte sich das Schlafen ja gar nicht. Also raus aus Lederhose und Dirndl, den wohlweislich bereits gepackten Koffer geschnappt und los ging's. Am Vormittag des 20. September waren wir bereits in unserem Hotel im tunesischen Hammamet. Direkt von der Wies'n in die Wüste. Ein Kulturschock, den wir in unserer Feierlaune locker wegsteckten.

Wir fläzten am Strand, unternahmen Kamelausritte und Quad-Touren, streiften über die Märkte, rauchten Wasserpfeife und fuhren mit dem Jeep quer durch die Wüste. Wir lernten Beduinen kennen, und – Reinhard und Wally. Die beiden waren etwa Mitte, Ende vierzig, Mike und ich Anfang bzw. Mitte dreißig. Wir verstanden uns sehr gut und verbrachten von nun an fast jeden Abend zusammen. Reinhard und Wally erzählten uns, dass sie in der Jugendherberge in Lindau am Bodensee arbeiteten. Er als Hausmeister, überdies im Betriebsrat, und sie als Aushilfe in der Cafeteria. Mike erzählte kuriose Geschichten, die er als Messebauer so erlebte, und ich hatte kurz erwähnt, dass ich bei MTV arbeitete. Wir schwatzten, tranken, lachten und lästerten, manchmal kamen wir ins Sinnieren und Philosophieren. Über Lottogewinne, die Liebe und das Leben.

Eines Abends kam die Rede auf Träume und Sehnsüchte. Auf die Frage nach meinen Zukunftsplänen wusste ich zunächst keine Antwort. Ich hatte ja nie großartig geplant, sondern immer im Jetzt gelebt. Darüber, wie es später einmal sein sollte, hatte ich mir nie große Gedanken gemacht. Das würde sich schon alles irgendwie ergeben. Was aber antwortet man dann, wenn man nach seinen Zukunftsträumen gefragt wird? Ich sprudelte heraus, was mir gerade in den Sinn kam: „Eine Frühstückspension in Italien, das wär doch was!" Von so etwas träume doch jeder. Mike spann die Idee weiter in Richtung Snowboarder-Pension in den Bergen und ich wollte daraus gleich noch einen Reiterhof für den Sommer machen. Mit zwanzig Fenstern auf der Sonnenseite. Für Reinhard anscheinend gar nichts so Abwegiges, denn er meinte: „Mensch, da wüsste ich was!" Auf unsere Nachfrage begann er zu erklären: Im Skigebiet Sudelfeld bei Bayrischzell gäbe es eine wunderschön gelegene Jugendherberge, für die werde ein neues Leiterpaar gesucht. Hm, ja, und? Bei mir im Kopf klickte gar nichts. „Ihr wärt genau die Richtigen dafür!", begeisterte sich Reinhard. Der Herbergselternjob sei attraktiv und der Landkreis Miesbach überdies doch so schön, mit dem Leitzachtal, dem Schliersee und dem Wendelstein. Das Sudelfeld selbst sei auch ein Paradies, schwärmte er. Dazu muss man wissen, dass Reinhard selbst aus Miesbach stammt. Mir persönlich sagte das alles nicht so viel, denn ich konnte mir in diesem Moment nicht im Traum vorstellen, Herbergsmutter zu werden. Was für eine merkwürdige Idee. Völlig abwegig. In meiner Phantasie sah ich mich schon in Kittelschürze und Birkenstock-Sandalen unter Stockbetten herumkriechen. Dafür hatte ich doch wohl nicht studiert. Nein, welch ein Blödsinn. Außerdem hatte ich einen Superjob. Diesen Gedanken behielt ich aber für mich, schließlich war ich bisher immer gut damit gefahren, mir zunächst einmal alles anzuhören und mir alle Optionen offenzuhalten. Letztlich wusste ich gar nichts über das Berufsbild Herbergseltern. Also keine voreiligen Schlüsse ziehen.

Die nächsten Abende ging es immer wieder mal um dieses Thema. Dass das Haus im Sudelfeld momentan verwaist sei. Und so schön läge … Mike und ich erfuhren mehr von dem, was Herbergsleiter so alles machen. Und das Bild, das ich bisher von Herbergsmama und -papa hatte, begann sich zu verändern. Nicht Kochtopf, sondern Kalkulation, und nicht Bettenmachen, sondern Businesspläne waren die Schwerpunkte der Hausleitung. Nicht Reinemachen, sondern Reservierungswesen stand im Vordergrund. Auch nicht Mutschelmehl, sondern Marketing. Und Personalverantwortung. Damit löste sich die Kittelschürze in Luft auf, aus den Birkenstock-Sandalen wurden Sneakers und ich musste meine Meinung komplett revidieren. Hier bewahrheitete sich mein indianisches Lieblingssprichwort: Urteile nie über jemanden, bevor du nicht eine Woche in seinen Birkenstocks, äh, Mokassins gelaufen bist. Trotzdem war ich noch nicht wirklich für die Sache entbrannt. Mike ging es genauso. Eines jedoch setzte sich in unseren Köpfen fest: die Idee, gemeinsam zu arbeiten. Bei mir kam noch etwas anderes hinzu: ein undefinierbares „Back-to-the-roots"-Gefühl. Zurück zu den Wurzeln, ins Landleben. Ein langsamerer Rhythmus. Heimat. Aber das war alles noch sehr vage.

Der letzte Abend in Tunesien nahte, die letzten Drinks im sorgen- und stressfreien Urlaub, die letzten Dinare, die es auf den Kopf zu hauen galt. Abschied. Aber mit der schönen Aussicht auf ein baldiges Wiedersehen mit Reinhard und Wally in Lindau. Das hatten wir bereits ausgemacht. Lindau ist ja ein so schöner Ort. Und die Jugendherberge kann man dann auch gleich mal anschauen. Nur so.

Am 4. Oktober waren Mike und ich wieder zu Hause in München. Das war ein Mittwoch. Den Rest der Woche hatte ich noch frei. Und ich weiß nicht, warum ich plötzlich Sehnsucht nach einem Haustier bekam. Waren das schon die Vorboten? Ein unbewusstes „Sich-Erden"? Jedenfalls wollte ich unbedingt ein Tier. Etwas zum Herzen. Einen lebendigen Kuschel-Kumpel neben Mike und Terminkalender. Ein Hund kam nicht in Frage, dazu war ich zu oft unterwegs. Aber eine Katze, das würde gehen. Die konnte sich zur Not auch mal einen Tag selbst versorgen. Und zum Futterdosen öffnen gab's Nachbarn. Platz hatte ich auch. Einen Garten, sogar mit einem kleinen Bächlein darin. Gerüstet mit diesen Argumenten und einem tierliebenden Herzen schleifte ich Mike unverzüglich mit ins Münchner Tierheim. Und das Schicksal meinte es gut. Wir konnten einen fünf Monate alten schwarzweißen Kater mit nach Hause nehmen, Billy. Ich war glücklich.

Am Sonntag, meinem letzten Urlaubstag, spielte ich Gärtnerin und Hausfrau: Ich klaubte Äpfel in meinem Garten, zupfte Unkraut, richtete Billys Kratzbaum, nagelte Fatimas Hand – ein Talisman aus Tunesien – an die Eingangstür, bekochte Mike (jawohl, höchstpersönlich und eigenhändig!) und puzzelte herum. Abends gönnte ich mir ein paar letzte Sonnenstrahlen auf Münzmallorca (Entschuldigung: im Solarium) und versuchte mich mit dem Gedanken anzufreunden, ab dem nächsten Morgen wieder

Vollgas zu geben. Nach zwei Wochen Ausschlafen und In-den-Tag-Hineinleben fiel mir das jedoch schwer, so sehr ich meinen Powerjob auch mochte. Aber mei, es hilft ja nix. Am 9. Oktober war ich wieder bei MTV und der Hamsterrad-Rhythmus hatte mich wieder. Es hagelte E-Mails, Telefonate und Anfragen, ich saß wieder fluchend im Auto, weil mir ein Stau meinen Terminplan zerschoss, der ohnehin schon wie ein Schlachtfeld aussah. Der ganz normale Wahnsinn halt. Und täglich grüßt das Meeting-Tier. Aber irgendetwas nagte in mir. Das Meeting-Tier? Anscheinend wollte es nicht mehr so recht. Es war im Urlaub zum Verschnaufen gekommen und fand Gefallen daran, nicht ständig abgehetzt zu sein und unter Strom zu stehen. Und nun sorgte es für immer neue Fragezeichen in meinem Kopf. Müssen es denn wirklich jeden Tag zehn oder zwölf Stunden Arbeit sein? Soll das alles gewesen sein? Willst du ständig als Letzte im Biergarten ankommen, wenn alle anderen schon beim Gehen sind? Ist dir dein Job mehr wert als zwischenmenschliche Beziehungen? Oder Zeit für dich selbst? Wie lange willst du diese Geschwindigkeit noch durchhalten? Meine Bauchstimme setzte noch einen drauf: Wann kapierst du es endlich? Willst du weiterhippeln bis zum Abnippeln? Vielleicht einen Herzinfarkt riskieren? Na, na, jetzt aber langsam, nun übertreib mal nicht, Bauchstimmchen. So weit sind wir noch nicht. „Und was ist mit den zwei Schachteln Stress-zigaretten pro Tag?", nölte die Stimme weiter. Okay, ist ja gut, ich werde weniger rauchen.

Ich kam immer mehr ins Grübeln. Drei Tage lang hatte ich versucht, meine innere Stimme durch noch mehr Arbeit mundtot zu machen. Vergeblich. Denn mittlerweile übertönte sie auch die lautesten Musikvideos. Obwohl ich den Fernseher in meinem Büro ziemlich laut aufdrehte. Schließlich stieß ich – gaaanz zufällig – im Internet auf die Seite der Jugendherberge Sudelfeld. Damals war es tatsächlich nur eine Seite. Hm. Netter Text. Schönes Foto. So heimelig. Genau wie es Reinhard beschrieben hatte. Ach, den könnte ich eigentlich mal anrufen und fragen, wie es ihm und Wally so geht. Langsam tastete ich mich vor. Ich gab meiner Bauchstimme nach. Plötzlich hörte ich mich fragen: „Vielleicht könntest du mir die Stellenausschreibung ja mal faxen, Reinhard? Nur so, rein informativ …". Postwendend hatte ich die Anzeige über die „Neubesetzung der Jugendherberge Bayrischzell/Sudelfeld" auf meinem Schreibtisch. Das war am 11. Oktober. Abends, zu Hause im Hexenhäuschen, zeigte ich sie Mike. „Wir können ja einfach mal ins Sudelfeld fahren und uns das Haus ansehen", meinte er. Spät am Abend rief ich Reinhard nochmals an: Das Deutsche Jugendherbergswerk suchte spätestens zum 1. November 2000 ein „jüngeres, engagiertes Paar" für die Leitung dieses „relativ abgelegenen Berghauses auf 1200 Metern Höhe, etwa fünf Kilometer vom Talort Bayrischzell entfernt". Und Interessenten sollten sich spätestens bis zum 1. September 2000 bewerben. Also war es ja ohnehin bereits zu spät. „Nein", entgegnete Reinhard, „es liegt bis jetzt erst eine einzige Bewerbung vor. Nichts ist zu spät, das Haus steht leer!"

Die neue Leitung, so die Anzeige, sollte über „Führungskompetenz mit unternehmerischem Denken und Handeln verfügen". Das wäre das Wenigste. „Aufgrund der Lage und der Nutzung wären alpine Grundkenntnisse wünschenswert", hieß es weiter. Auch kein Problem. Ich war ja in Garmisch quasi auf Skiern aufgewachsen. Und Mike war leidenschaftlicher Snowboarder. Es folgte die Beschreibung des Hauses: „Die Jugendherberge Sudelfeld ist als eigentlich sehr schön gelegenes Berghaus mit mittlerem Standard durchaus als problematisch in der Führung einzustufen." Ah, eine Herausforderung also! Immer gerne! Von der neuen Leitung wurde, „vor allem durch einen langen Winter, ein hohes Maß an physischer und psychischer Belastbarkeit" verlangt. Ach, das kenne ich doch, bin ja MTV-gestählt. Und Mike, den Brocken, warf so leicht auch nichts um. Das konnten wir also ebenfalls abhaken.

Es kam, wie es kommen musste. Und es kam schnell und spontan. Denn der kleine „Nager" namens Jugendherberge hatte sich bereits bei uns eingenistet. Für den nächsten Nachmittag, es war ein Donnerstag, planten wir einen kleinen Ausflug. Mike hatte einen freien Tag, und im Sender war nicht allzu viel los, sodass ich mich früh verabschieden konnte. Und wohin ging es wohl? In ein etwa 80 Kilometer von München entferntes Örtchen namens Bayrischzell. Das Sudelfeld suchen.

Wir wollten wirklich nur mal schauen. Sagte das Bewusstsein. Das Unterbewusstsein lachte sich mit dem Bauchstimmchen indessen wohl schlapp. Ja, ja, nur mal schauen. Das kennen wir schon ... Am 12. Oktober fuhren Mike und ich von München auf die Autobahn in Richtung Salzburg. Dann Ausfahrt Weyarn, Miesbach, Schliersee, Bayrischzell. Ah, da stand es ja schon. So weit konnte es also nicht mehr sein. Wir zuckelten über die Bundesstraße ins tiefste Oberbayern. Stürzlham, Großpienzenau, Kleinpienzenau, wo waren wir denn da gelandet? Wir kamen nach Miesbach, fuhren weiter nach Hausham, zum Schliersee, über Aurach und Hagnberg, und immer noch kein Bayrischzell in Sicht. Das zieht sich ja ganz schön ... Mittlerweile waren wir eine gute Stunde unterwegs. Wir passierten die Minidörfer Geitau und Osterhofen, zuckel zuckel, hach, schon wieder ein Traktor, und dann, endlich: das Ortschild von Bayrischzell. „Herzlich willkommen im Luftkurort Bayrischzell." Wir bogen von der Alpenstraße ab in das freundliche Dorf. Nur, wo war die Jugendherberge? Es gab nirgends ein Schild. Und wo waren Menschen? Es war früher Nachmittag, warum war niemand auf der Straße zu sehen? Da, ein älteres Pärchen, die fragen wir: „Äh, Entschuldigung, wissen Sie vielleicht, wo hier die Jugendherberge ist?" – „Nö, wir sinnich von hiä."

Also suchten wir weiter. Bayrischzell ist ja nicht groß, so etwa 1500 Einwohner. Die paar Straßen hat man schnell abgefahren. Aber nirgends ein Hinweisschild „Jugendherberge". Und wo bitteschön soll das Untere Sudelfeld sein? Wir hatten uns doch die Adresse aufgeschrieben: Jugendherberge Bayrischzell/Sudelfeld, Unteres Sudelfeld 9 in Bayrischzell. Halt, hier, eine Sudelfeldstraße. Da muss es doch zum Sudelfeld gehen. Aber die Straße endete auf der Alpenstraße, die steil den Berg hinaufführte. Nein, fanden wir, da oben konnte die Jugendherberge schlecht sein. Da geht es doch raus aus dem Dorf. Wir waren überzeugt, dass die Herberge irgendwo oben liegen musste, aber zumindest vom Ort aus zu sehen sein musste. Also erneut umdrehen und den nächsten Menschen aufspüren. Stop, hier, ein rasenmähender alter Herr, offensichtlich ein Anwohner. Der muss das wissen. „Entschuldigung, können Sie uns bitte sagen, wo hier die Jugendherberge ist?" – „Haa? Jugendherberge? So was ham mir needa." – Wie, sowas gibt's hier nicht. – „Naa, i kenn koane. Ned, dass I wüsst."

Langsam kamen uns Zweifel. Waren wir hier vielleicht im falschen Bayrischzell? Nein, der alte Herr wusste halt einfach nicht Bescheid. Er gehörte ja in seinem Alter zweifellos auch nicht mehr zur Zielgruppe. Wir mussten einen jungen Menschen finden. Haalt, hier! Eine Mama mit Kinderwagen, sofort stehenbleiben! Auf unsere Frage schüttelte sie zunächst den Kopf, doch dann fiel ihr etwas ein. Es wäre möglich, dass es oben im Skigebiet eine Jugendherberge gäbe. Zumindest ein größeres Gebäude gäbe es dort, aber das könne auch eine Polizeischule sein. So genau wisse sie das nicht. Hm, die Jugendherberge hatte ja nicht gerade einen berauschend hohen Bekanntheitsgrad bei der örtlichen Bevölkerung, vermeldete meine interne Öffentlichkeitsarbeiterin. Aber egal. Nun wollten wir es wissen. Wir verließen Bayrischzell und fuhren beherzt die Passstraße hinauf. Nach drei Kilometern Serpentinen war immer noch nichts zu sehen. Ja, sag mal, das ist ja am Ende der Welt! Weiter und weiter ging's, nach sechs Kilometern Bergstrecke und einer scharfen Linkskurve erstreckte sich vor uns ein großer Parkplatz mit einem einsamen Schild: „Jugendherberge". Nur wo? Hier waren nur ein winziges Café und ein kleines Wohnhaus. Doch Moment, hier führte eine schmale, kopfsteingepflasterte Straße vom Parkplatz weiter nach oben. Wir blickten hinauf, und tatsächlich. Dort thronte ein mächtiges Gebäude. Das musste die Jugendherberge sein. Und da, der letzte Hinweis unserer Schnitzeljagd, ein sonnengebleichtes Schild mit dem Jugendherbergs-Logo: Tanne neben Haus. Ganz klein stand darunter: Youth Hostelling International. Juhu! Endlich waren wir dort, wo wir seit zwei Stunden hinwollten!

Wir fuhren den kleinen Weg nach oben und stiegen aus. Eine wunderbare Ruhe empfing uns. Keine Menschenseele war da. Nur Stille. Und ein atemberaubender Ausblick auf die umliegenden Berge. Plötzlich spürte ich etwas Weiches um meine Beine streichen. Ein schwarzer Kater! Er ließ sich hochheben wie ein Säckchen Mehl. Ganz zutraulich und verschmust. Als ob er uns begrüßen wollte. Mein Herz schmolz dahin. Mike und ich, mit Kater Mehlsack auf dem Arm, gingen weiter in den langgezogenen Hof der Herberge. Es war ein mächtiges, ehrwürdiges, altes Haus, das sicher viele Geschichten erzählen konnte. Friedlich stand es da im einsetzenden Herbstdunst. Und da waren sie, die zwanzig Fenster auf der Sonnenseite! Mike bemerkte es im gleichen Augenblick. „Das wolltest du doch immer, oder?" – „Und du kannst zu Fuß zum Snowboarden", frohlockte ich. Das Skigebiet lag direkt gegenüber. Eine geniale Lage! Ziemlich abgelegen, aber traumhaft schön.

Das Haus selbst war verschlossen, verwaist sozusagen. Aber wir waren neugierig, stellten uns auf eine Bank an der Hausmauer und blickten durch eines der Fenster. Was wir sahen, gefiel uns: ein Raum, der fast wie eine bayerische Gastwirtschaft anmutete. Mit urigen Holztischen und Holzbalken, alpenländischen Wandmalereien und antiken gusseisernen Lampen. Cool. Das war ja völlig untypisch für eine Jugendherberge. Auf alle Fälle stand es im Gegensatz zu dem, was wir uns darunter vorgestellt hatten, so mit sterilem Speisesaal im orangebraunen Siebziger-Jahre-Look. Nein, dieser Style kam uns entgegen. Das war ein urgemütliches Haus, aus dem sich doch etwas machen ließ!

Plötzlich hörten wir, wie die Eingangstür von innen aufgesperrt wurde. Ein junger, blonder Bursche, so um die zwanzig, trat heraus. Er blickte uns Eindringlinge fragend an, wir sprangen von der Bank und erklärten ihm, warum wir da waren. Er selbst hieß Martin und war Zivildienstleistender hier im Haus. Von ihm erfuhren wir auch, dass der schnurrende, schwarze Fellhaufen auf meinem Arm – ein langjähriger Selbstversorger der Jugendherberge – Xaver hieß. „Ach, wenn wir schon hier sind", fragte ich Martin, „ist denn vielleicht zufällig jemand von der ehemaligen Herbergsleitung da?" Nein, die seien nur noch ganz selten hier. Allerdings konnte Martin uns ihre Telefonnummer geben. Das war ja schon mal was.

Wir wanderten noch ein Weilchen um die Herberge herum und ertappten uns dabei, dass wir bereits Pläne schmiedeten. Ich wollte die Fensterläden verzieren und die Blumenkästen mit bunten Geranien füllen. Mike beäugte den Unimog und sah sich bereits die Auffahrt damit räumen. Abends, nach getaner Arbeit, könne man dann bei einem Glas Wein in die Berge glotzen. Und am nächsten Tag wieder ranklotzen. Aber anders als bisher. Wertvoller. In der Natur, gemeinsam, selbstbestimmt. Ja, wir konnten uns tatsächlich vorstellen, an diesem Ort zusammen zu leben und zu arbeiten.

Auf der Rückfahrt nach München lachten wir viel, phantasierten und füllten Reinhards Idee mit Leben. Wir als Herbergsleiter im Sudelfeld. So abwegig erschien uns diese Vorstellung gar nicht mehr. Wir teilten in Gedanken bereits die Arbeitsbereiche auf. Mike sollte eher die handwerklich-technischen Belange übernehmen, die „Hardware" sozusagen, und ich die kommunikativ-organisatorisch-administrativen Belange, die „Software". Die gesamte Idee erschien uns plötzlich einleuchtend, logisch, erstrebenswert. Für Mike als freiberuflichen Messebauer wäre es eine spannende, neue Aufgabe. Für mich ebenfalls. Aber es wäre auch eine 180-Grad-Wendung. Ich war jedoch bereit für eine Veränderung – und damit vielleicht auch dazu, einen Gang herunterzuschalten. Meine innere Stimme hatte ganze Arbeit geleistet. Außerdem begann mich der Job als Herbergsleiterin zu reizen. Immerhin hatte ich ja mal Hotel- und Restaurantmanagement studiert. Und Dienstleistung bleibt Dienstleistung. Ob im Großen oder im Kleinen. Eine Jugendherberge war ja im Grunde auch nichts anderes als eine Art Hotel für Jugendliche inklusive Verpflegung. So schloss sich der Kreis. Und die Fügung übernahm. Das Ergebnis dieses donnerstäglichen „Nur-mal-schauen-Ausfluges" war schließlich die Überzeugung: Das wäre was für uns. Komm, wir bewerben uns.

Halt, aber vorher wollte ich noch zwei Telefonate erledigen und damit ein paar Fragen klären. Die Bewerbung sollte ja nicht „für die Katz" sein. Meinen ersten Anruf konnte ich noch am selben Abend unter Dach und Fach bringen, er galt den ehemaligen Herbergsleitern der Jugendherberge Sudelfeld. Mich interessierte, warum sie gegangen waren. Gab es da etwas, was ich bzw. wir wissen sollten? Leichen im Keller? Knatsch? Ungute Geschichten? Nein, die beiden konnten mich beruhigen. Sie hatten das Haus zwanzig Jahre lang erfolgreich geführt, sogar zwei Kinder dort oben großgezogen. Und nun, nach so langer Zeit „auf dem Berg", wollten sie sich und ihr Leben noch einmal verändern und zurück an ihren Heimatort Regensburg ziehen. Ach, so einfach war das. Ich war überzeugt und zufrieden. Sehr nett war auch, dass die ehemaligen Herbergseltern uns für den kommenden Montag einluden, ins Sudelfeld zu kommen. Da seien sie nochmal dort, um einige letzte Dinge zu regeln. Bei dieser Gelegenheit könnten wir uns über die Arbeit als Herbergsleitung informieren und uns das Haus von innen ansehen. Reizende Leute. Perfekt. Wir nahmen das Angebot gerne an.

Für den zweiten Anruf war noch etwas Geduld erforderlich, denn er musste tagsüber erfolgen, zu den Bürozeiten des Deutschen Jugendherbergswerks, des DJH. Ich wollte in Erfahrung bringen, ob die Position des Leiterpaares für die Jugendherberge Sudelfeld definitiv noch frei oder bereits doch anderweitig besetzt worden war. Und ob es überhaupt Sinn machte, wenn sich ein Paar dafür bewarb, dessen einer Teil eine – für Herbergsverhältnisse recht exotisch anmutende – Medientrulla war. Am Freitag, den 13. Oktober, rief ich beim Landesverband Bayern des DJH in München an. Ich hatte Glück. Der Vorstand, Geschäftsführer Herr Holterman, war zu sprechen, ohne großes Theater. Er war sehr sympathisch, genauso wie seine Stimme. Dunkel, sonor, freundlich. Ich stellte mich vor (die Medientrulla umschrieb ich dabei elegant), umriss kurz meine Fragen und bekam die Antworten, die ich hören wollte. Ja, die Stelle sei noch vakant, und ja, natürlich könnten wir uns bewerben. Er würde sich auf unsere Bewerbung freuen. Das Gespräch habe ich in sehr angenehmer Erinnerung. Also gut, nun waren alle Stolpersteine beiseite geräumt, dann konnte ich ja loslegen mit der Bewerbung. Ich übernahm das federführend, denn Schreiben war schließlich mein Job. Mike übte währenddessen schon mal für die Jugendherberge und kochte unser Abendessen. Gutbürgerlich, feinherberglich.

Das Formulieren der Bewerbung ging mir locker von der Hand, denn ich brauchte nur das, was ich fühlte, in Worte zu fassen und zusammen mit Mikes Input in die Tastatur zu hacken. Ich führte all unsere Beweggründe auf – eben das, was uns an der Sache überzeugt hatte und was uns wichtig war: Die kreative Verbindung von Körper und Geist. Die Möglichkeit, gemeinsam an einem Strang zu ziehen und Dinge zu bewegen. Unsere Fähigkeit, anzupacken. Die große Lust auf Veränderung, neue Herausforderungen, sinn- und wertvolle Arbeit. Nachhaltigkeit, nicht Oberflächlichkeit. Die Bewerbung wurde richtig gut. Sie hatte Herzblut. Und sie war ehrlich.

Noch am selben Abend war sie fertig. Das war auch nötig, denn Mike hatte am Wochenende auf der Messe zu tun, ich musste einige Termine wahrnehmen und außerdem jede Menge Horoskope für Antenne Bayern aufzeichnen. Am Montag früh, bevor ich zu MTV fuhr, gab ich unsere Bewerbung beim Jugendherbergswerk ab. Von nun an ging alles rasend schnell. Schon am darauffolgenden Tag kam ein Anruf aus dem Büro der DJH-Geschäftsleitung. Man wolle uns kennenlernen. Ob wir am kommenden Donnerstag Zeit hätten, uns persönlich vorzustellen. Ups! Die waren aber flink! Ja, natürlich, die Zeit würden wir uns schon nehmen.

Am 19. Oktober betrat ich mit Mike die Geschäftsstelle des Jugendherbergswerkes in München. Ich war gespannt,

wie das Vorstellungsgespräch laufen würde, aber auch entspannt, denn ich stand nicht unter Druck. Ich hatte ja
einen coolen Job. Und wenn das Gespräch schlecht lief
oder man sich nicht mochte, war nichts verloren. Im Gegenteil. Wir würden um eine Erfahrung reicher sein.

Mike und ich warteten im Vorraum. Ich weiß noch, was ich
zu dem Gespräch anhatte. Nein, nichts Schräges diesmal.
Ich trug einen beigefarbenen, kurzen Wildledermantel,
der meine Naturverbundenheit lässig unterstreichen sollte. Erdtöne eben. Ich bin ein ziemlicher Depp, stimmt's?

Die Tür des angrenzenden Zimmers wurde geöffnet und
ein junges Pärchen nach draußen begleitet. Aha, das waren wohl unsere Mitbewerber. Ich musterte sie kurz. Die
schienen weitaus naturverbundener als wir. Bodenständi-
ger. Gastronomischer. Normaler. Hätte ich lieber auch eine bunte Fleece-Jacke und Trekkingschuhe anziehen sollen? Ich sah unsere Felle davonschwimmen, weil wir so
anders aussahen. Gar nicht wie künftige Herbergseltern
im Sudelfeld. Aber egal. Wir fühlten uns als solche. Und
wir fühlten uns gut.

Nun bat man uns in den Besprechungsraum. Dort saßen
etliche Menschen um mehrere zu einem großen Quadrat
zusammengeschobene Tische. Uns direkt gegenüber saß
ein gemütlich aussehender Herr, etwa Mitte 50, mit einer
Lesebrille auf der Nase, durch die er aber nicht blickte,
wenn er aufsah. Er machte einen wohlwollenden Eindruck
und erinnerte mich unweigerlich an Papa Schlumpf. Er
war mir sofort sympathisch. So locker, wie er dort saß,
konnte das nur der Chef sein. Es war tatsächlich Herr
Holterman, mit dem ich bereits telefoniert hatte. Rechts

und links von ihm waren eine Reihe weiterer Herrschaften platziert, ältere und jüngere. Ich kann mich nicht mehr an alle erinnern, vielleicht war ich doch etwas aufgeregt. Jedenfalls waren Betriebsräte, kaufmännische Leiter und Herbergselternvertreter dabei. Manche lächelten freundlich, vor allem die dunkelhaarige Dame im Raum, einige blickten aber auch sehr kritisch. Was will denn die MTV-Tussi hier? So kam es mir vor. Erdmäntelchen hin oder her. Ich fühlte mich irgendwie fehl am Platz. Herr Holterman aber richtete ganz entspannt die erste Frage an uns. „Stört es Sie, wenn ich bei dem Gespräch rauche?" Mike und ich mussten grinsen. „Nein, überhaupt nicht!", erwiderten wir erleichtert, „dann können wir ja gleich mitdampfen." Damit war das Eis gebrochen und das eigentliche Vorstellungsgespräch begann. Die erste Frage an mich war vorhersehbar gewesen: „Wieso, Frau Sebrich, wollen Sie denn Ihren tollen Job bei MTV aufgeben?" Ich malte meine Beweggründe nun noch ein bisschen blumiger aus, als in der schriftlichen Bewerbung: dass ich weg von der schnelllebigen, hastigen Medienwelt wollte, hin zu einer bodenständigeren, produktiveren Arbeit: Sehen, was man geschaffen hat. Mehr Sinn. Gemeinsames Arbeiten mit dem Lebenspartner. Am Abend zu wissen, worüber der andere spricht. Ideen verwirklichen zu können. Naturnah. Zurück zu den Wurzeln. Ich war davon überzeugt, ich brannte dafür.

Mike wurde beispielsweise gefragt, ob er kochen könne. Er entgegnete darauf ganz zwanglos, dass es doch wohl keinen Unterschied mache, ob er für fünf Leute Spaghetti koche oder für fünfzig. Bums. Oje, ich hätte das vielleicht etwas diplomatischer formuliert ... Aber, nein, Herr Holterman schmunzelte. Mike machte das goldrichtig. Komisch, ich wurde gar nicht nach meinen Kochkünsten gefragt. Sah man mir etwa an, dass ich nicht für den Herd geboren war?

Wir beide strickten noch die kongeniale Verbindung unserer Fähigkeiten in das Gespräch ein, die sich perfekt ergänzen würden: Mike, der handwerklich Geschickte und technisch Begabte, und ich, der organisatorisch-administrativ-kommunikative Part. Zum Schluss ging es natürlich auch ums Geld. Als wir unsere Gehaltsvorstellungen angaben, zogen einige in der Runde die Augenbrauen hoch, andere verzogen ihre Mundwinkel zu einem leichten Grinsen. Dachten die an einen Witz? Als wir im Gegenzug erfuhren, was ein Herbergsleiterpaar im Rahmen der festgelegten Gehaltsstruktur verdient, dachten wir unsererseits an einen Witz. Aber es war Ernst. Und auch keine Verhandlungssache, da abhängig von der Größe des Hauses und anderen Faktoren. In meinem Fall war es in etwa ein Drittel dessen, was ich bei MTV bekam. Schluck. Aber wir hätten eine günstige Dienstwohnung, beruhigte man uns.

Das gesamte Gespräch dauerte etwa eine Stunde. Man würde sich bald bei uns melden, ließ man uns wissen. Und ich hatte ein gutes Gefühl. Vielmehr: mein Bauchstimmchen.

Nun konnten wir nichts weiter tun, als abzuwarten. Am Wochenende wollten wir Reinhard und Wally besuchen und „ihre" Jugendherberge kennenlernen. Ein schönes, modernes Haus in Lindau am Bodensee. Ganz anders als die urige Herberge am Sudelfeld auf 1200 Metern Höhe. Reinhard und Wally waren sicher, dass wir die Richtigen für dieses Berghaus wären. Dass wir den Job bekommen würden, sowieso. Am Sonntag setzten Mike und ich unsere „Herbergsreise" fort und fuhren von Lindau nach Füssen, um mit den Leitern der dortigen Jugendherberge zu sprechen. Es war ein Pärchen in unserem Alter, sehr nett und entgegenkommend. Man merkte gleich, dass beide den Job gerne machen. Das war für uns, die wir noch in der Entscheidungsphase steckten, ein bedeutender Punkt. Wir wollten möglichst viele Informationen darüber sammeln, wie das Leben als Herbergsleiter aussieht. Ob die Menschen, die diesen Beruf schon länger ausübten, nach wie vor davon überzeugt waren und ihn mit Liebe, mit Hingabe machten. Besonders mir war dies sehr wichtig. Immerhin spielte ich mit dem Gedanken, meine Medienkarriere zugunsten eines Lebens als Herbergsmutter an den Nagel zu hängen.

Für das darauffolgende Wochenende hatten wir einen Besuch in der Jugendherberge Mittenwald geplant, ganz in der Nähe meiner Heimat Garmisch. Dort empfing uns der Herbergsleiter. Er nahm sich trotz Anreise und Essensvorbereitungen Zeit für uns und war äußerst liebenswürdig und hilfsbereit. Und er war an hundert Ecken gleichzeitig, für jeden Gast da. Hier eine Anreise, da ein überkochender Wasserkessel, dort eine Frage nach dem Weg. Ein Herbergsvater mit Leib und Seele. Ja, auch ihm war deutlich anzumerken, dass ihm seine Arbeit Spaß machte. In meinem Kopf wurde das Bild immer klarer. Ein bisschen verrückt war der Job offenbar auch. Na, dann passte er ja zu mir. Und zu Mike. Denn Mike passte zu mir. So einfach war das.

Wir hatten uns beworben und das Vorstellungsgespräch gut hinter uns gebracht. Wir wussten in etwa, was das

Leben als Herbergseltern ausmachte und wir konnten uns vorstellen, dieses Leben künftig gemeinsam zu führen. Aber die letzte Entscheidung hatten wir noch nicht getroffen. Außerdem fehlte noch die Zusage des Jugendherbergswerks. Doch sie kam. Am 30. November rief Herr Holterman an und teilte uns mit seiner schönen Baritonstimme mit: „Wir haben uns für Sie entschieden." Wann wir vorbeikommen könnten, um die Details zu besprechen. „Äh, ups ja, gleich, nein, ich meine, toll! Riiesig!" stotterte ich. Wir vereinbarten einen Termin für kommenden Freitag, den 3. November. So. Jetzt wurde es wirklich ernst. Aber zunächst freuten wir uns wie die Kinder. Mike und ich hatten es geschafft! Nach diesem Anruf kritzelte ich überschwänglich in meinen Terminplaner: „YESSS! Sudelfeld, wir kommen!" Für den Abend stand ein Termin darin: „Meet MTV – Erster Medienstammtisch bei MTV". Den hatte ich organisiert. Journalisten eingeladen, eine Newcomer-Band gebucht, außerdem wollte ich eine Reise nach Stockholm für die anstehenden „Europe Music Awards" verlosen. Ich hatte eine Menge toller Zusagen. Und überhaupt war ich Pressechefin beim Kultsender MTV, das war doch auch was, oder? Das alles sollte ich aufgeben? War ich denn komplett verrückt? Nun kamen mir doch Zweifel.

## Gretchenfrage vierter Teil:
## Hüttenzauber oder Hiphop?

Bis zum Detailgespräch mit Herr Holterman waren es noch drei Tage. In dieser Zeit wollte und musste ich mich endgültig entscheiden. Jugendherberge oder MTV. Hüttenzauber oder Hiphop. Obwohl ich tief in meinem Inneren bereits spürte, wo es mich hinzog, wollte ich noch einmal alle Seiten beleuchten. Eines war klar: Wenn, dann würden Mike und ich die Jugendherberge gemeinsam übernehmen. Alleine hätte ich diesen Schritt weder angedacht noch gewagt. Und schon gar nicht auf 1200 Metern. Angie allein auf der Alm. Niemals!

Zwischen Mike und mir war die Entscheidung für die Jugendherberge im Grunde klar. Lange hatten wir über das Thema gesprochen – auf unserer „Herbergs-Rundfahrt", nach dem ersten Bewerbungsgespräch, nachts vor dem Schlafengehen. Wir hatten es „ausgeredet". Das Ergebnis war immer das Gleiche: Ja, wir machen es. Mike war sich daher relativ schnell sicher. Ich eigentlich auch. Das heißt, mein Bauch war sich sicher. Aber ich wollte auch alle „Kopfzweifel" beiseite räumen und meine Intuition mit ein paar Karabinerhaken absichern. Und das kann ich am besten, wenn ich die Geschichte immer wieder von neuem aufrolle. Also: Reden, reden, reden. Abwägen, diskutieren, vergleichen, gegenüberstellen, überlegen. Informationen sammeln. Meinungen einholen. Und wieder reden. Mike war dazu jetzt nicht mehr der Richtige. Für ihn war die Sache entschieden. Bums. Das geht bei Männern ja manchmal so schön einfach. Mammut erlegen, essen, schlafen, ins Feuer schauen. Frau, bist du ruhig. Aber bei mir fahren die Gedanken solange Zickzack im Kopf, bis sie bei einer Entscheidung ankommen. Die ist dann aber auch unumstößlich und ich stehe hundertprozentig dahinter. Ich beschloss also, meine Mutter und meine besten Freunde zu nerven. Menschen, von denen ich wusste, dass sie mich nicht gleich für verrückt erklären und mir nicht vorhalten würden, dass ich doch meine tolle Medienkarriere nicht einfach so wegwerfen dürfe. Danach ging ich ein letztes Mal in mich.

Fakt war: Mit der Übernahme der Jugendherberge würde ich nicht nur mein bisheriges Leben völlig auf den Kopf stellen, sondern ich würde es auch untrennbar mit Mikes Leben verknüpfen – beruflich wie privat. Das war meine kleinste Sorge, denn ich liebte Mike und konnte mir gut vorstellen, die nächsten Jahrzehnte mit ihm zu verbringen. Es gab weitere Fragen, die ich mir stellte: Sind Geld, Macht, Firmenwagen, verantwortungsvoller Job, toller Titel, letztendlich „Karriere", wirklich der Schlüssel für ein glückliches Leben? Was bleibt letztendlich davon? Natürlich macht es Spaß, Erfolg zu haben. Ganz oben mitzuschwimmen. Aber bin ich wirklich dafür geschaffen, immer so weiterzuleben? Will ich unweigerlich ständig weiter nach oben? Dorthin, wo die Luft immer dünner wird? Will ich immer gehetzt sein, ständig „auf dem Sprung"? Immer den Kopf voller Dinge haben, die irgendwann auf den Magen schlagen? Und gleichzeitig immer weniger Zeit haben? Oder gibt es da noch etwas anderes? – „Ja!" schrie meine innere Stimme, „Du hast ein tolles Angebot: *Jugendherberge!*" Gut, dann nehme ich den Job nochmal genau unter die Lupe. Was ich bisher darüber erfahren hatte, klang gut. Interessant und abwechslungsreich. Beileibe kein „Dödl-Job". Es wäre auch ein sicherer Arbeitsplatz. Zumindest, solange ich mich nicht allzu blöd anstellen, die Kasse ausräumen oder mit dem Unimog Bergrennen fahren würde. Es wäre überdies eine gemeinsame Aufgabe für Mike und mich. Wer hat das schon? Aber vielleicht sehr einsam, da oben auf dem Berg und weit weg von der nächsten Stadt, von jeglicher Infrastruktur? Ach nein, es gibt doch Telefon, Internet, Auto. Außerdem hab ich ja Mike. Also, nicht einsam, sondern gemeinsam. Darüber hinaus würde der Job kein finanzielles Risiko mit sich bringen, weil wir ja angestellt sein würden, das heißt weder Pacht noch Miete bezahlen müssten und dennoch größtmögliche Selbstbestimmung hätten. Wir könnten eigenverantwortlich arbeiten, aber ohne die Risiken einer Selbstständigkeit. Das waren doch gute Voraussetzungen.

Abschließend kam mein Horrorszenario dran. Das entwickle ich immer dann, wenn ich eine schwerwiegende Entscheidung treffen muss. In diesem „worst case"-Szenario stelle ich mir folgende Frage: Was kann schlimmstenfalls passieren? Also: Schlimmstenfalls würde mir der Job als Herbergsleiterin doch nicht gefallen. Oder ich würde mit der abgeschiedenen Lage nicht klarkommen oder mich aus einem anderen Grund nicht wohlfühlen. Dann bliebe mir nichts anderes übrig, als meinen Hut zu nehmen und wieder zu gehen. Schlimmstenfalls müsste ich ganz von vorne anfangen. Ich müsste mir eine neue Wohnung und einen neuen Job suchen, was und wo auch immer. Mit diesem Risiko musste ich leben. Aber solange man etwas nicht austestet, kann man nicht wissen, ob es einem gefällt. Und wenn man es gar nicht erst versucht, macht man sich vielleicht im Nachhinein ewig Vorwürfe

und hadert: „Warum hast du es nicht zumindest probiert?"
Das wollte ich nicht. Mit fiel ein Spruch wieder ein, den
ich mir selbst kürzlich auf meinen Badspiegel gekritzelt
hatte: „Alles halb so schlimm". Wie wahr. Selbst wenn es
da oben im Sudelfeld völlig in die Hose gehen sollte, ich
hätte die Freiheit, immer wieder neu anzufangen. Solange
ich Arme, Beine und Kopf zum Arbeiten hatte, konnte ich
auch Eis verkaufen. Oder Ochsenschwanzsemmeln. Oder
Hunde hüten. Oder ganz was anderes machen.

Natürlich hätte ich mich mit zwanzig Jahren niemals für
die Jugendherberge entschieden. Damals war High Life
angesagt, logisch. Das war auch gut so. Aber mit 35 Jahren ist es legitim, die Dinge etwas anders zu sehen. Ich
hatte mir immerhin in den vergangenen Jahren gehörig
den Wind um die Nase wehen lassen, war an meine Gren-
zen gestoßen und hatte neue Horizonte gefunden. Ich hatte mit meinem Studium „das letzte Zuckerl des Lebens"
mitgenommen und danach facettenreiche, interessante
Jobs, die ich nie als dröge Arbeit empfand, sondern als
Chance, und als Herausforderung. Natürlich waren auch
harte Zeiten dabei. Und ja, ich bin auch fies gerammt
worden. Nicht nur mit den Ellenbogen. Trotzdem musste
ich mich nie zur Arbeit schleppen. Unterm Strich hatte es
immer gepasst, weil ich für mich beschlossen hatte, mich
durchzubeißen, dranzubleiben. Und es hatte ja auch Spaß
gemacht. Aber auf eine schwer erklärbare Weise hatten
sich nach dem Urlaub mit Mike meine Werte verschoben.
Ich wollte mehr vom Leben als nur Erfolg im Beruf.
Buntes Leben: Ja, gerne. Aber ohne dafür so viel Dampf
blasen zu müssen. Ich hatte es irgendwie satt, mit irgend-
welchen Pappnasen über die Renovierung indischer Pa-
last-Springbrunnen zu palavern. Oder über die Tröpfchen-

bewässerung in der transsilvanischen Tiefebene. Ich wollte den Blick für das Wesentliche wieder bekommen. Vielleicht suchte ich nach mehr Sinn in dem, was ich tat. Anscheinend war der mir während der vergangenen, teilweise hektischen Jahre abhanden gekommen. Klar, wenn man nur am Rödeln ist, kommt man nicht zum Nachdenken.

Was ich ebenfalls wollte: Mehr Zeit. Für mich. Und für Mike. Für mein Leben außerhalb der Medienwelt. Nein, ausgebrannt fühlte ich mich nicht, auch nicht genervt von meinem Job. Aber ich spürte, dass ich bereit war für eine wesentliche Veränderung. Für ein großes Abenteuer, eine unkonventionelle Entscheidung, die den gewöhnlichen Lebenslauf links liegen lässt. Karriereknick? Ach, darauf geschissen. Entschuldigung. Es muss nicht ständig schneller, höher, weiter sein. Und es muss auch nicht immer nach oben gehen. Ein Schritt zur Seite wäre mindestens genauso gut. Für einen Job, in dem ich mein Knowhow, meine Erfahrungen und mein Wissen optimal einsetzen konnte. Eine Arbeit, die beileibe nicht alltäglich ist und in der ich mein Macher-Gen ausleben konnte. Organisieren, koordinieren, etwas auf die Beine stellen. Verkaufen, quatschen, rumpuzzeln. Draußen und drinnen, um zwei Uhr nachts oder um ein Uhr mittags. Leben und Liebe verbinden mit zwanzig Fenstern auf der Sonnenseite. Ich hatte die große Freiheit, mich zu entscheiden! Hop oder Top. Welch ein Luxus! Zum Schluss stand nur noch eine einzige Frage im Raum: Was will ich wirklich? Auf einmal waren die Antworten in meinem Kopf: Ich will mehr Lebensqualität, eine neue Perspektive, mich etwas mehr „erden", Heimatgefühle genießen, ein „wertigeres" Leben näher an meinen Wurzeln führen. Gemeinsam mit Mike. Plötzlich löste sich mein Gedankenchaos auf. Herz und Hirn fuhren eine Linie und die wies direkt in die Jugendherberge Sudelfeld. Die Entscheidung war da: Alpenglühen statt Fernsehflimmern. Ich mach es. Ich werde Herbergsleiterin. Das ganze Zickzack im Kopf hätte ich mir eigentlich sparen können, denn mein Bauch hatte schon lange vorher die richtige Entscheidung getroffen. Ich hätte nur genauer hinhören müssen. Tja, wenn man immer alles vorher wüsste … Mit dem ganzen Hin-und-Her-Denken war ich mir nun jedenfalls ganz sicher.

Mittlerweile halte ich große Stücke auf meine innere Stimme. Sie war mir immer ein guter Ratgeber. Und irgendwo habe ich gelesen, dass der unbewusste Teil unseres Gehirns Informationen viele Tausend Mal schneller verarbeitet als unser Bewusstsein. Unser Gefühl ist also ein gigantischer Taschenrechner, der ein verlässliches Ergebnis liefert: die Bauchentscheidung. Wenn man also große Entscheidungen treffen muss, ist es wohl tatsächlich am besten, so viele Informationen wie möglich zu sammeln und dann intuitiv zu entscheiden.

Wie vereinbart fanden Mike und ich uns am 3. November im Büro von Jugendherbergs-Chef Holterman ein, um Einstiegstermin und Einzelheiten unserer neuen Tätigkeit zu besprechen. Ich konnte und wollte erst zum Anfang des nächsten Jahres beginnen, da zum einen mein Vertrag mit MTV noch lief und ich zum anderen meinen Job dort fair und anständig zu Ende bringen bzw. übergeben wollte. Und das ging nicht von heute auf morgen. Papa Schlumpf, äh, Herr Holterman war einverstanden. Unser Jugendherbergsvertrag würde also zum 1. Januar 2001 beginnen, gegen Ende Februar sollten wir dann die Hausleitung im Sudelfeld übernehmen. Bis dahin mussten wir eingearbeitet und auf den Berg umgezogen sein. Wir besprachen die Miete für unsere Dienstwohnung in der Jugendherberge, auch um das Gehalt ging es nochmals – mehr wurde es allerdings nicht. Egal. Wird schon gehen. Als Studentin war ich mit weit weniger ausgekommen. Ums Essen würden wir uns ja – gemeinschaftsverpflegender Köchin sei Dank – nicht groß kümmern müssen. Und Modeboutiquen gibt's ohnehin nicht auf dem Berg. Wir würden also vor allem ein Auto mit Allradantrieb brauchen, denn meinen schicken Firmen-BMW mit dem Kennzeichen M-TV musste ich ja dann spätestens Ende des Jahres zurückgeben.

Apropos MTV. So langsam musste ich mir überlegen, wie ich meine Entscheidung Christiane beibringen sollte. Beziehungsweise, wie ich sie dazu brächte, meinen Vertrag aufzulösen. Vermutlich würde sie mich für komplett bescheuert erklären, sobald sie erführe, warum. Zunächst wollte ich jedoch noch warten, bis ich die Vereinbarungen mit Herrn Holterman schriftlich hatte. Das ging fix. Am 8. November lag die verbindliche Zusage mit allen Details im Briefkasten. Damit war es offiziell. Und nun Christiane beichten, was ich vorhatte. Ich druckte die Internetseite „unserer" Jugendherberge aus, malte ein großes rotes Herz darum und schrieb fett darunter: „Das will ich machen!" Am Freitag, den 10. November, ging ich damit in ihr Büro, das gleich neben meinem lag. Ich legte ihr mein gemaltes Zettelchen auf den Tisch. Sie sah verwundert auf, und bevor sie etwas sagen konnte, rückte ich schnell damit heraus, welch einmalige Chance ich bekommen habe und ob sie mich zum Jahresende aus meinem

Vertrag entlassen könne. Damit war es raus. Nun sah mich Christiane noch verwunderter an: „Willst du mehr Geld?" – „Nein!" musste ich lachen, „ich will was ganz anderes. Ich will eine Jugendherberge übernehmen", und zeigte auf das vor ihr liegende Herzblatt. „Dir geht es also nicht ums Geld?", hakte sie ungläubig nach, „um was dann?" Das war das Stichwort für eine flammende Rede meinerseits. Ich schilderte vorwärts und rückwärts, dass ich mir diesen Schritt gut überlegt hatte und unbedingt gehen wollte, das Ganze aber nur funktionieren würde, wenn ich zum Jahresende aus meinem Vertrag herauskäme. Als Christiane merkte, dass es kein Hirngespinst war, wovon ich da sprach, sondern ein ernster und weit gediehener Plan, begann sie sich mit mir zu freuen und sich aufrichtig für mein Vorhaben zu interessieren. Mehr noch, sie fand es richtig klasse. Ich liebte sie dafür! Dem vorzeitigen Vertragsende zum Ende des Jahres 2000 stimmte sie zu. Ich würde sogar eine Prämie bekommen – „Das Geld kannst du für dein neues Leben auf dem Berg gut brauchen." Das stimmte allerdings. Ich war glücklich. Der Nebel der Unentschiedenheit hatte sich gelichtet und alle Hindernisse waren aus dem Weg geräumt.

Als mein Ausstieg publik wurde, löste das natürlich Zweifel, Ungläubigkeit und Skepsis bei vielen Kollegen aus der Branche aus. Mir kamen die ersten Einschätzungen zu Ohren: „Das hält sie nicht ein Jahr da oben aus, die kommt wieder, weil sie nicht ohne Medien kann." Das dachten die Statussammler, die sich allenfalls ein lebenslauf-taugliches „Sabbatical", ein Jahr Auszeit, gönnen würden, aber niemals einen gesellschaftlichen Abstieg, wie sie es nannten. Enge Freunde und meine Familie unterstützten mich, weil sie rasch verstanden hatten, dass ich kein Luftschloss baute. Was mich wunderte, waren Kommentare aus den Reihen künftiger Kollegen aus Herbergskreisen. Das das Ganze ein PR-Gag sei und ich ein „Exot". Das kann die doch gar nicht ernst meinen, allein, wie die schon angezogen ist … Die lässt es sich jetzt ein Jahr auf dem Berg gut gehen und dann geht sie wieder zurück. Das ärgerte mich. Na sicher, ich gebe meine Karriere für ein Jahr Spaßarbeit in der Jugendherberge auf. Mit viel Zeit zum Ausruhen. Witzbolde.

Auch in der Presse löste meine Entscheidung Erstaunen aus. „Bild" beispielsweise schrieb: „Von MTV nach Sudelfeld. Kommunikationschefin Angie Sebrich verlässt den Musiksender. Ab Januar leitet sie – kein Scherz – die Jugendherberge im oberbayerischen Sudelfeld." Das Fachmagazin „Werben & Verkaufen" teilte mit: „,Wirbelwind' Angie Sebrich, die Pressechefin von MTV, hat sich für den totalen Ausstieg entschieden. Zusammen mit ihrem Lebensgefährten übernimmt sie die auf 1200 Metern gelegene Jugendherberge im Skigebiet Sudelfeld. La Montanara statt Hip Hop und House-Musik."

Mein Weg schien klar. Ich würde meinen Job bei MTV bis Ende des Jahres gepflegt zu Ende bringen. Am 16. November standen noch die „Europe Music Awards" in Stockholm an, die wichtigste europäische Preisverleihung an internationale Musikkünstler mit weltweiter Fernsehübertragung. Mein Flug war bereits gebucht und ich freute mich schon auf die vielen Live-Auftritte, speziell von U2, Robbie Williams und Moby. Außerdem sollte der französische Schauspieler Jean Reno kommen. Den fand ich ziemlich lässig. Für den 9. Dezember musste noch ein weiterer Event pressemäßig vorbereitet werden: die große „MTV Snowball Party" im österreichischen Seefeld. Und im Sudelfeld wartete – im nächsten Jahr – eine Jugendherberge auf Mike und mich. Soweit der Plan.

## Mit Ultraschall ins neue Leben:
## Doppelschwanger!

Wie hat noch gleich John Lennon gesagt: „Leben ist das, was passiert, während du damit beschäftigt bist, andere Pläne zu machen." Bei mir sollte sich dieser Spruch auf besondere Weise bewahrheiten. Denn kaum war meine Existenz als Herbergsmutti in trockenen Tüchern, stellte sich heraus, dass ich jenen Mutterfreuden entgegensah, die wortwörtlich in trockene Tücher gelegt werden müssen.

Aber der Reihe nach. Mitte November hatte ich einen Termin bei meiner Münchner Frauenärztin, ein Schatz von Gynäkologin, die ich bereits lange kannte. Eigentlich sollte es ein reiner Routinebesuch sein, nur zur Vorsorge. Doch während der Ultraschalluntersuchung wurde der Gesichtsausdruck meiner Ärztin immer konzentrierter. Was war denn? War ich etwa krank? Jetzt red doch! Sie schaute mich an und meinte lächelnd, als sei es die natürlichste Sache der Welt: „Sie sind schwanger." Waaas? Sicher, ich war mit der Herbergsmutteridee lange schwanger gegangen, aber doch nicht so! Ich sei so in der fünften Woche, erläuterte meine Ärztin. Ich war einigermaßen durcheinander und begriff die Welt nicht mehr. Wie sollte das denn passiert sein? Ich meine, wann? Mal rechnen … Das konnte doch nicht sein! Wann, wann, wann … hm, im Urlaub vielleicht? Hatte ich mich da etwa verhauen? Das passt jetzt doch überhaupt nicht in mein Konzept! Aber das Kind war schon in den Brunnen gefallen. Quatsch, es war ja noch nicht mal geboren. Ich war etwas verwirrt. Ach was, ich war völlig durch den Wind. Wie sollte ich denn nun alles auf die Reihe bekommen? „Wollen Sie das Kind vielleicht nicht?", fragte mich die Ärztin. „Schauen Sie, da schlägt schon das Herz." Ich riskierte einen Blick. Tatsächlich. Blumm, blumm, blumm. Ganz schnell.

Frau Doktor wendete sich erneut dem Bildschirm zu. „Da schlägt noch eins", rief sie, „Sie bekommen Zwillinge!" Mir verschlug es die Sprache. War das eine sich selbsterfüllende Prophezeiung? Ich musste daran denken, dass ich als Kind immer gesagt hatte: „Wenn ich mal Kinder hab, dann möchte ich Zwillinge. Dann muss man nur einmal schwanger sein. Und wenn die Kinder älter sind, können sie zusammen spielen." All das schoss mir durch den Kopf. Und nun hatte ich also die Kinder im Bauch. Ich hatte bekommen, was ich wollte. Aber doch nicht jetzt, wo ich gerade mein eigenes Leben auf den Kopf stellte. Andererseits war ich ja auch schon Mitte Dreißig und damit „Spätgebärende". Wann denn also dann, wenn nicht jetzt? Abtreiben kam für mich keinesfalls in Frage. Denn kinderlos sterben wollte ich nie. Und nun sollte ich gleich zwei auf einmal bekommen! Also gut, dann ist es halt so. Wird schon werden. Nach dem ersten Schreck begann ich mich zu freuen. Zwillinge, was für ein Wunder! Wenn das kein Glück ist. Schorsch und Sepp. Oder Lolek und Bolek. Oder Max und Moritz. Nein, albern. Vielleicht wird es ja auch ein Pärchen? Aber halt mal, langsam – wie wird es wohl Mike aufnehmen? Der kippt aus den Latschen …

Jetzt wurde ich mitteilungsbedürftig. Zuerst rief ich den Menschen an, bei dem ich sicher wusste, dass er entzückt sein würde: meine Mutter. „Du wirst nun doch noch Oma." Wie erwartet war sie überglücklich. Anschließend fuhr ich zu MTV, wo für den späten Vormittag ein Meeting anberaumt war. Konzentrieren konnte ich mich darauf nicht. Ich hatte ein Puddinggefühl in den Knien und im Herzen. Ich und schwanger. Doppelschwanger. So richtig fassen konnte ich es immer noch nicht.

Nach dem Meeting ging ich zu Christiane. Sie war die zweite, der ich meine gigantische Neuigkeit anvertraute. Und ihre Reaktion war toll! Sie freute sich nicht nur mit mir, sondern machte mir jede Menge Mut. Den konnte ich brauchen, für mein weiteres Leben und meine nächste Begegnung mit Mike. Ich wollte es schnellstmöglich hinter mich bringen und fuhr erst mal heim ins Hexenhäuschen. Christiane schickte mir noch ein ermutigendes Mail hinterher: „Er wird sich freuen, weil er Dich liebt. Good luck – Du hast neun Monate Zeit, das zu verarbeiten und Dich drauf zu freuen!" Bezaubernd. Zu Hause überlegte ich, wie ich am besten vorgehen sollte. Schnell und schmerzlos oder lieber anders? Ich rief Mike an und lud ihn für den Abend zu unserem Stamm-Italiener ein. Er kam pünktlich und ich bestellte als Erstes einen doppelten Grappa für ihn. Er staunte. „Hast du im Lotto gewonnen?" – „Ähm, nein, so ähnlich", erwiderte ich, „wir brauchen uns zumindest nicht mehr den Kopf darüber zu zerbrechen, ob unser Auto zwei oder vier Türen haben soll." Ein ratloser Blick war die Antwort. Jetzt ging ich aufs Ganze und legte das Ultraschall-Bild auf seinen Teller. Aha, nun fiel der Groschen. „Zähl nach", befahl ich und bestellte einen weiteren doppelten Grappa, „wir bekommen Zwillinge!"

Um Mike Zeit zu geben, die Nachricht zu verdauen, verschwand ich für einige Minuten in der Damentoilette. Als ich zurückkam, hatte Mike ein verzückt-breites Lächeln im Gesicht, das ich noch nie an ihm gesehen hatte. Lag das an den Schnäpsen? Oder stand er unter Schock? Nein, er war stolz. Er freute sich! Mir fiel ein Stein vom Herzen. Jetzt war Raum, meinen eigenen Sorgen Luft zu machen, die bei aller Freude unvermindert da waren: Wie wir das denn alles schaffen sollten, neues Leben, Kinder; wo im Sudelfeld das nächste Krankenhaus sei; wie das alles bloß gehen solle … es sprudelte nur so aus mir heraus. Mike blieb ganz ruhig: „Lass mal, das kriegen wir schon zusammen hin." Zusammen. Ein schönes Wort. Das gab mir Mut und Sicherheit. Den allernettesten Satz sagte er während der Heimfahrt zu mir: „Ich möchte mit keiner anderen Frau ein Kind."

Am nächsten Tag rief ich Herrn Holterman an, unseren künftigen Chef. Ich wollte ihn über die veränderte Situation informieren. Würde er auch unter den veränderten Vorzeichen noch wollen, dass wir die Jugendherberge übernehmen? Fast hoffte ich auf ein Nein, denn selbst mir war das alles ein bisschen zuviel Veränderung auf einmal. Schwanger mit Zwillingen und dann noch einen komplett neuen Job in einem unbekannten Umfeld, auf dem Berg… Aber Herr Holterman machte keinen Rückzieher. „Natürlich bleibt es dabei!", antwortete er, „die meisten Herbergseltern haben Kinder. Es ist halt nur mehr Arbeit." Hm, ja, das war sicher richtig. Also Augen zu und durch. Nun gab es kein Zurück mehr. Ich würde das Kind schon schaukeln. Äh, die Kinder.

Meinen Flug zur Verleihung der „Europe Music Awards" nach Stockholm hatte ich auf Anraten meiner Ärztin abgesagt. Schade, ich hatte alles so schön vorbereitet. Aber riskieren wollte ich auch nichts. Sah ich mir die Preisverleihung eben im Fernsehen an. Außerdem hatte ich nun mehr Muße, ein ganz besonderes Vorhaben durchzuziehen: meinen Heiratsantrag. Ja, richtig gelesen. Meinen an Mike. Eines Abends schleppte ich Mike abends auf den Münchner Fernsehturm, ganz nach oben, wo man die gesamte Stadt sah, aber auch ein furchtbar kalter Wind wehte. Zähneklappernd brachte ich mein vorbereitetes Sätzchen vor: „Das alles lege ich dir zu Füßen, mich bekommst du dazu, und bald noch zwei Kinder. Und jetzt sag ja." Lieber wäre ich natürlich gefragt worden, ganz klassisch, mit Kniefall, Rosen und Ring, aber ich war überzeugt, dass ich bei Mike lange auf eine solche Vorstellung hätte warten können. Also nahm ich die Sache in die Hand. Ja, ich weiß, schon wieder ich. Gehaltsverhandlungen, Eheschließung, alles muss ich organisieren. Aber ich kann nicht anders. Wenn mir etwas am Herzen liegt, gehe ich es an. Sofort. Und was sprach dagegen, noch im selben Jahr zu heiraten? Erstens liebte ich Mike. Und er mich. Zweitens sollten wir nächstes Jahr Herbergseltern werden, also einen gemeinsamen Job haben. Drittens bekam ich ein Kind von ihm, nein, zwei. Und viertens hatte ich dieses Jahr ganz gut verdient und daher das Steuer sparende Ehegattensplitting im Auge. Für mich waren das gute Gründe.

Mike sah das offensichtlich anders, denn auf meinen Antrag hin sagte er erst einmal gar nichts. Oje, ich hatte ihn vor den Kopf gestoßen. Das ging ihm wohl nun doch alles ein bisschen zu flott. Neuer Job, Kinder und jetzt auch noch heiraten. Oder gefiel ihm nicht, dass ich mich – bei aller Gleichberechtigung – erdreistet hatte, ihn zu fragen? Nein, er lächelte tatsächlich kein bisschen. Ihm war kalt. Und er hatte Hunger. Denkbar schlechte Voraussetzungen für einen Heiratsantrag. Gut, also ins Drehrestaurant zum Essen. Vielleicht könnte er sich dort für meinen Vorschlag erwärmen. Es war doch alles so logisch. Da kann man doch locker heiraten, oder? Nichtsda. Mike bockte. Ich erklärte und argumentierte. Er schwieg. Ich flötete und säuselte. Er gab nicht nach. Ich verstand die Welt nicht mehr. Dann wurde ich traurig und gleichzeitig pottsauer, besonders auf mich selbst. Hatte ich es nötig, mich anzupreisen wie saures Bier?! Nein. Schluss. So nicht. Ich rauschte ab nach Hause, allein. Nur gut, dass dort zumindest Kater Billy wartete.

Am nächsten Abend stand Mike vor der Tür. Mit Blumen in der Hand. „Wann sollen wir heiraten?" Mein Ärger verflog und ich war glücklich. Alles war wieder in Ordnung. Einmal abgesehen davon, dass Ende November meine Schwangerschaft kompliziert zu werden begann. Ich hatte Blutungen, befürchtete, die Zwillinge, auf die ich mich doch jetzt so sehr freute, zu verlieren. Meine Ärztin beruhigte mich erst einmal. Vorläufig war nichts passiert. Ich durfte wieder heim, aber mit der strikten Auflage, möglichst viel zu liegen. Von da an war ich krankgeschrieben, musste Stress und Bewegung tunlichst vermeiden. Das sollte sich einrichten lassen. Viel schwieriger war es, mit der Angst zurechtzukommen, dass doch noch etwas passieren könnte.

Um meine Schwangerschaft nicht zu gefährden, gab ich
Ruhe. Ich rauchte nicht mehr, trank keinen Tropfen
Alkohol, lag, so viel ich konnte und arbeitete nur das
Nötigste – mit dem Laptop auf der Couch. Beispielsweise
entwarf ich Stellenbeschreibungen für mein MTV-Team,
damit sich mein Nachfolger leichter tun würde. Daneben
bereitete ich mein neues Leben vor. Was da alles dazugehörte! Der Umzug musste geplant und Angebote dafür
eingeholt werden. Ein bergtaugliches Allradauto musste
gekauft, angemeldet und versichert werden (es wurde ein
roter, viertüriger Jeep, hübsch hässlich). Ich musste meine
private Krankenversicherung kündigen und wieder bei
der gesetzlichen anklopfen. Bei verschiedenen Ämtern
war eine Unzahl Dokumente zu besorgen: Führungszeug-
nis, Gesundheitszeugnis, Ehefähigkeitsbescheinigung, Ge-
burtsurkunde – nicht zu vergessen der Termin beim Stan-
desamt, nach Möglichkeit noch im selben Jahr. Außerdem
musste eine Stellenanzeige her: Für die Jugendherberge
brauchten wir eine neue Köchin.

Ich versuchte, so viel wie möglich zu delegieren und
spannte Freunde ein, ich wurde versorgt und bekocht,
aber es blieben trotzdem noch eine Menge Dinge, die ich
nur selbst regeln konnte. Langsam, sagte ich mir immer
wieder, gemach, gemach. Nur keine Hektik. Kein Stress.
Zwei Mal pro Woche ging ich zu meiner Frauenärztin zur
Kontrolle. Ich war äußerst diszipliniert und ruhig. Musste
ich. Doch eine Woche später, Anfang Dezember, hatte

ich erneut Blutungen. Scheiße! Schon wieder diese Angst. Ich will das nicht! Ich war doch kreuzbrav gewesen und hatte nichts Wildes getan! Warum schon wieder? Sofort fuhr ich zu meiner Ärztin. Erleichterung. Die Zwillinge waren noch da. Aber dieses Mal wies sie mich umgehend ins Krankenhaus ein. Absolute Ruhe! Tag und Nacht liegen. Nun durfte ich nicht mal mehr aufstehen, um auf die Toilette zu gehen. Hm, doof. Musste ich halt mein Krankenbett zur guten Stube umfunktionieren: Links mein Mobil-Klo, rechts der Laptop, dahinter das Telefon, vor mir der Fernseher. Wenn ich es recht bedenke, war dies die entspannteste und gemütlichste Woche seit langem. Und es sollte auch für lange Zeit die einzige bleiben ... Ich war rundum versorgt, medizinisch wie verpflegungstechnisch. Es gab regelmäßig lecker Essen und saubere, weiße Bettwäsche. Ich hatte ein gemütliches Einzelzimmer (ja, noch war ich Privatpatientin ...), ich hatte Besuch, ich hatte Zeit, ich konnte richtig Kraft tanken. Und die Blutungen schienen auch vorbei zu sein. Nach Nikolaus, am 7. Dezember, wurde ich entlassen. Die Weihnachtsfeiertage verbrachte ich mit Mike in Garmisch bei meiner Mutter, wo ich gehörig umsorgt und gepampert wurde. Ist schon eine feine Sache, so gehätschelt zu werden, wenn nur nicht immer die Angst vor einer neuen Blutung und einem drohenden Abgang gewesen wäre. Abgang. Schreckliches Wort. Als wenn ich es geahnt hätte, kamen die Drecksblutungen wieder, einen Tag vor unserer Hochzeit. Aber ich hatte auch da Glück. Bei der Ultraschall-Untersuchung stellte sich heraus, dass alles in Ordnung war. Die beiden Zwerge in meinem Bauch waren mittlerweile 5,1 cm beziehungsweise 5,2 cm groß. Bis zum nächsten Tag, der standesamtlichen Eheschließung (für die kirchliche reichte die Zeit nicht mehr ...), kettete ich mich an meine Couch. Liegen auf Teufel komm raus. Der arme Mike musste ganz schön flitzen. Immer brauchte ich etwas anderes. Apfelsaft, was zum Naschen, die Fernsehzeitschrift, dann war das Telefon heruntergefallen, und schon bald hatte ich wieder Hunger. Ich musste ja schließlich für drei essen. Dafür verlieh ich Mike aber auch die goldene Gabel für die ehrenamtliche Schwangerenverpflegung. Sein kleiner Award (ja, MTV hat abgefärbt), also seine Auszeichnung, hängt heute noch bei uns in der Küche.

Die Trauung absolvierte ich im Kriechgang. Ich lief langsam und mit weichen Schritten. So hatte man es mir eingeschärft. Bloß keine schnellen, ruckartigen Bewegungen. Wir hatten die engsten Freunde und unsere Familien eingeladen. Alle Mamas weinten, Mike und ich lachten. So muss das sein. Beim anschließenden Mittagessen war es im Wesentlichen Mike, der unsere Hochzeit feierte. Er war ausgelassen, stolz und sehr um mich bemüht. Und je öfter er mit unseren Gästen anstieß, umso mehr Komplimente machte er mir. Da durfte er getrost weitertrinken. Und wenn ich schon selbst nicht die Kuh fliegen lassen durfte, aß ich halt wenigstens wieder für drei.

Nach einem ungewohnt ruhigen Silvesterabend – im Gegensatz zu den bisherigen … – stand Anfang Januar 2001 unsere Einarbeitung an. Alle bisher vorbereiteten Veränderungen sollten nun langsam in die Praxis umgesetzt werden. Weil es mir wieder besser ging, erlaubte meine Ärztin mir, wieder etwas mehr aufzustehen. Also brachen Mike und ich Mitte Januar in die Jugendherberge Füssen auf. Von den dortigen Herbergseltern, die wir bereits kannten, sollten wir in vier Wochen lernen, wie man eine

Jugendherberge in der Praxis führt. Recht schnell stellten wir fest, dass die Herbergsleitung steuerndes und gleichzeitig ausführendes Organ ist. Auf Deutsch: Was sie plant, macht sie auch meist selbst. Wenn ich also z. B. Briefe an 300 Gäste verschicken will, muss ich sie auch eigenhändig eintüten. Herbergsmütter bzw. -väter sind Häuptling und Indianer in einer Person. Und diese Person vereint einiges an Aufgaben: Reservierungsmanager, Marketingleiter, Hausmeister, Rezeptionist, Wanderwegbeschreiber, Einkäufer, Lagerfeuermacher, Personalplaner, Controller. Er oder sie ist Seelentröster, Pädagoge, Schneeschaufler, Hausdekorateur, Lagerverwalter, Menüplaner, Souvenirverkäufer, Internetbetreuer, Budgetplaner, Telefonist, Freizeitberater und Finanzbuchhalter. Ein sehr abwechslungsreiches Tätigkeitsfeld, das Kopf, Herz und Hände tatsächlich aufs Beste miteinander verbindet.

Was man dabei wissen muss und wie man all diese Dinge managt, das brachten uns die Füssener Herbergseltern geduldig bei. Von A wie Anreise bis Z wie Zivildienst. Allein das gesamte Reservierungs- und Kassensystem war ein dicker Brocken – für mich komplettes Neuland. Bisher war ich in Presseverteilern und Powerpoint-Präsentationen zu Hause gewesen. Wir übten, wie man dem Computer Belegungsverträge entlockt, Zusagen, Stornierungen, Optionen, Zimmerpläne, Laufzettel oder Mahnungen. Mittags legte ich mich regelmäßig in mein Stockbettchen, um auszuruhen (das hatte ich meiner Ärztin versprechen müssen). Danach galt es wieder, Programmkalkulationen und Buchhaltung zu büffeln, Rechnungen richtig zu stellen und nach Konten und Kostenstellen zu kucken. In vier Wochen musste alles abgespeichert sein.

Mike und ich quälten unsere Lehrer, fragten Mitarbeiter aus, rissen Kochrezepte an uns und schauten der Küchenchefin über die Schulter. Schließlich mussten wir auch wissen, worauf es bei einem guten Koch ankommt. Wir hatten per Stellenanzeige nach einem erfahrenen Koch beziehungsweise einer Köchin für unsere eigene Jugendherberge gesucht. Es waren einige Bewerbungen eingegangen und nun galt es, Vorstellungsgespräche zu führen. Wir waren auf der Suche nach einer Perle. Die gut kochen konnte, nett zu den Gästen war und den Küchenrohertrag im Auge behielt, also das, was unterm Strich übrig bleiben soll. Wir hatten Glück und fanden sie, die Perle. Eine Dame mittleren Alters, die, wie uns schien, genau zu uns und in unser Berghaus passen würde. Sie würde Mitte Februar anfangen zu arbeiten und so eine Woche vor uns im Sudelfeld sein. Unser „D-Day", also der Tag des Umzugs auf den Berg und unseres Starts als Herbergseltern, war für den 23. Februar geplant. Bis dahin wurde das voll belegte Haus von einem uns unbekannten Interimsleiter geführt.

Mitte Februar hatten Mike und ich unsere vierwöchige Einarbeitungsphase beendet. Als kleines Dankeschön erhielten wir einen dicken Ordner: die „Anweisung zur Führung einer Jugendherberge". Darin standen noch mal detailliert alle „Do's" and „Dont's". Das, was man darf und was nicht. Wie man was wann am besten tut. Inzwischen fühlten wir uns relativ gut gerüstet. Wir hatten einiges gelernt und kannten die Abläufe theoretisch und praktisch – zumindest in der Jugendherberge Füssen. Allerdings wussten wir rein gar nichts über die Strukturen in „unserem" Haus. Sicher, Reservierungs- und Kassensystem waren identisch. Doch wir hatten keine Ahnung, dass es in der

Jugendherberge Sudelfeld beispielsweise eine eigene Wasserversorgung gab, dass sich in einem siebzig Jahre alten Haus die Dinge völlig anders abspielen und dass das Leben auf 1200 Metern mit dem „im Tal" überhaupt nicht vergleichbar ist. Aber das belastete uns in dieser Zeit nicht weiter, denn noch war es nicht soweit.

Bis zum 23. Februar blieben noch knapp zwei Wochen, das Hexenhäuschen am Englischen Garten zu genießen, den verwunschenen Garten von der warmen Stube aus zu betrachten, Kater Billy auf dem Schoß und das Ofenfeuer knisternd und knackend im Hintergrund. Langsam wurde mir mulmig. Der große Schritt – oder war es ein Schnitt? – rückte unaufhaltsam näher. Also beherzt ran an die Umzugskartons. Allerdings immer schön im doppelschwangeren Schneckentempo. Keine hektischen Bewegungen, möglichst nichts heben. Und das beim Umzug. Wie soll das denn gehen? „Man schicke nach einem Domestiken", hätte ich gerne gerufen. Aber ich konnte ja froh sein, dass ich mit Mike ein gestandenes Mannsbild an meiner Seite hatte, dem man allerhand Geraffel aufladen konnte. Erleichtert war ich auch, dass sich die Zwillinge in meinem Bauch häuslich eingerichtet zu haben schienen. Bitte, gerne. Haltet mir immer nur schön die Blutungen vom Leib, dann gebärde ich mich gebärmütterlich gebührend gut.

Nun war er tatsächlich ganz nah, der große Tag, der Aufbruch in unser neues Leben. Mike und ich hatten alles fertig gepackt. Die Wände des sonst so gemütlichen Hexenhäuschens waren kahl, jeder Schritt hallte ungewohnt wider und überall standen Kisten herum. Melancholie ergriff mich. Die letzte Nacht in vertrauter Umgebung. Es war ein so zauberhaftes Zuhause gewesen, in dem ich gut ein Jahr zur Miete gewohnt hatte. Außerdem hatte ich etwas Bammel vor dem Unbekannten, das auf mich zukam. Wäre ich nicht schwanger gewesen, hätte ich in dieser Stimmung wohl ein Fläschlein Wein geköpft. So mussten Ehemann und Kater herhalten. Die waren das Powerkuscheln ja bereits gewohnt.

Am nächsten Morgen standen die Möbellaster vor der Tür. Es war der 23. Februar 2001, der „rußige Freitag" vor dem Faschingswochenende. Für mich war es auch ohne Ruß ein schwarzer Tag, den ich nie vergessen werde. Es schneite so stark, dass selbst in der Stadt München alles weiß war. Dazu blies ein eiskalter Wind. Wie mochte es dann erst in den Bergen aussehen? Ich wagte nicht, es mir vorzustellen. Während Mike mit den Möbelpackern die beiden Lastwagen bepackte, saß ich wartend im leeren Wohnzimmer. Ich durfte ja eh nichts heben. So stierte ich nach draußen und ließ ein letztes Mal die Aura des Hexenhäuschens auf mich wirken. Es hatte so etwas Kuscheliges, Beruhigendes.

Am Mittag war alles verladen und die Laster brachen in Richtung Sudelfeld auf. Ohne Schneeketten im Gepäck. Na, die werden schon wissen, was sie tun. Mike und ich packten unsere letzten Siebensachen in unseren roten Jeep, setzten Kater Billy in seinem Körbchen obenauf und dann war es endgültig soweit. Ich ging nochmals durch alle Räume und sagte zum Abschied leise Servus, trottete dann den Weg zum Gartentor und warf den Schlüssel in den Briefkasten. Die Übergabe mit meiner Vermieterin hatte ich bereits zuvor erledigt. Damit war dieses Kapitel endgültig abgeschlossen. Ein letzter Blick Richtung Hexenhäuschen, dann stieg ich zu Mike ins Auto. Wir fuhren los.

Es schneite immer stärker. Auf der Autobahn Richtung Salzburg quälten sich die Autos über die schneebedeckte Fahrbahn. Heftige Windböen erschwerten das Vorankommen. Allein von München bis zur Autobahnausfahrt Weyarn, von wo die Bundesstraße nach Bayrischzell führt, brauchten wir zwei Stunden. Anschließend tuckerten wir auf der Landstraße dahin. Im Schneegestöber konnten wir nicht einmal mehr die Straßenbegrenzungen erkennen. Ein richtiges Dreckswetter, bei dem man normalerweise keinen Hund vor die Tür jagt. Aber wir mussten umziehen. Und Auto fahren. Wir passten höllisch auf und fuhren nie mehr als dreißig Stundenkilometer. Trotzdem kam der Jeep plötzlich ins Schlingern und rutschte auf den Straßengraben zu. Immer schneller, wie auf Schienen. Ich war starr vor Schreck, schrie nicht einmal mehr. In meinem Kopf raste nur ein Gedanke: die Zwillinge! Ich muss meinen Bauch schützen. Es darf nichts passieren! Dann schleuderte der Jeep seitlich in den Straßengraben, kippte und rutschte einige Meter auf der Beifahrertür dahin, bevor er sich wieder auf seine vier nichtsnutzigen Allradschlappen stellte. Der Katzenkorb war mir gegen die Schulter geknallt, dann war jäh alles still. Nur Billy miaute ganz furchtbar. Als Nächstes hörte ich Mikes besorgte Stimme: „Ist dir was passiert?" Ich war wie gelähmt und starrte ungläubig aus dem Auto. Vor mir und neben mir alles weiß. Drecksschnee.

Langsam kam ich wieder zu Verstand. Man reiche mir das Riechsalz, bitte. Ich sah zu Mike hinüber. Gott sei Dank, ihm war nichts passiert. Kater Billy schien auch in Ordnung zu sein. Und mir tat ebenfalls nichts weh. Aber in meinen Bauch konnte ich nicht hineinsehen. Hallo, ihr da drin, alles in Ordnung? Vorsichtig tastete ich meine runde Kugel ab. Sie war ganz hart. Die Zwillinge hatten sich wahrscheinlich heftig erschrocken. Und weit und breit kein Arzt, geschweige denn ein Ultraschallgerät. Ich begann zu schimpfen, verfluchte den Schnee, das Wetter, die Umstände, einfach alles. Unser Auto steckte fest, zwei Meter unterhalb der Straße. Allein würden wir hier nicht herauskommen. Um uns herum keine Menschenseele. Und oben in der Jugendherberge würde man auf uns warten.

Langsam wurde es kalt. Wenigstens den Motor bekamen wir zum Laufen. Aber nun musste ich mal. Außerdem hatte ich Angst, wollte ins Freie und nachschauen, ob ich etwa wieder blutete. Die Autotür ließ sich schwer öffnen. Kaum war ich draußen, warf mich der Sturm fast um, und – na klar – genau im passenden Augenblick kam ein Auto auf uns zu. Schnell wieder anziehen. Das Auto entpuppte sich als weiß-grüner VW-Bus. Es hielt an, zwei Polizisten stiegen aus. So erleichtert war ich beim Anblick der Polizei noch nie gewesen, umso mehr, als ich noch genügend Zeit gehabt hatte, um festzustellen, dass der Schnee sich nicht rot gefärbt hatte. Mit den Zwillingen schien alles in Ordnung zu sein. Zumindest hoffte ich es. Die Polizisten zeigten sich äußerst hilfsbereit, trieben keinen unnötigen bürokratischen Aufwand und veranlassten, dass uns ein Landwirt mit seinem Traktor aus dem Graben zog. Unser Jeep sah nun noch hässlicher aus, als er ohnehin schon war. Aber er fuhr. Braves Auto.

Wir setzten unsere Fahrt fort. Bis nach Bayrischzell waren es noch fünf Kilometer. Mittlerweile war es 17 Uhr abends. Und dunkel. In Bayrischzell angekommen, fuhren wir nicht direkt die Passstraße hinauf ins Sudelfeld, sondern gönnten uns erst einmal eine Verschnaufpause im Café. Ich trank Kakao, Mike dasselbe, aber mit Schuss. Wär mir nach dieser Aufregung auch lieber gewesen. Es waren die letzten Augenblicke in trauter Zweisamkeit. Die letzten Minuten vor dem großen Ankommen in der Jugendherberge. Vor dem „Ranmüssen".

Um 18 Uhr rafften wir uns auf, raus in den Schneesturm, rein in unser ramponiertes Auto und rauf ins Sudelfeld. Sechs Kilometer verschneite Serpentinenstraße. Nachdem wir so spät dran waren, waren wohl wenigstes die Umzugslaster längst da und unsere Möbel aufgebaut.

In der Jugendherberge angekommen, fanden wir Jubel, Trubel, Heiterkeit vor. Hochsaison – Fasching – und ein mit 100 munteren Wintergästen voll belegtes Haus. Na dann Helau. Mittendrin wir, mit Sack und Pack, noch leicht zerzaust von dem Unfall. Ich hatte – besonders nach den Geschehnissen des Tages und als hormongesteuerter Dickbauch – auf einen warmen, verständnisvollen Empfang des Interimsleiters gehofft. Wenigstens ein bisschen.

So in der Art von „Herzlich willkommen, schön, dass ihr da seid!" Herbergsvatermäßig halt. Nix da. Fehlanzeige. Erster Tiefschlag. Nach einem sachlich-knappen Empfang sahen wir die Köchin, unsere „Perle", die wir eingestellt hatten und die uns herzlich begrüßte. Danach wurden wir den vier aktuell „amtierenden" Zivildienstleistenden vorgestellt, Michael, Rainer, Martl und Martin. Vier richtig nette Jungs. Offener Blick, freundlich, hilfsbereit. Und einer hatte Xaverle auf dem Arm, den lieben Kater Mehlsack, den wir schon bei unserem ersten Besuch hier oben kennengelernt hatten. Er und unser Stadtkater Billy waren gleich gut Freund. Die „Zivis" schienen erleichtert zu sein, dass wir nun da waren. Und wir waren froh, dass es sie gab. Tatsächlich haben wir es ihnen zu verdanken, dass wir nicht gleich in den ersten Tagen mit Pauken und Trompeten untergegangen sind. Sie hatten bereits unter dem früheren Herbergsleiter gearbeitet und kannten sich in den Abläufen bestens aus.

Mike und ich gingen auf einen Sprung in den Speisesaal, um uns bei den Gästen vorzustellen und gleichzeitig um Verständnis zu bitten, wenn wir als absolute Neulinge noch nicht über alles Bescheid wüssten. Wir waren zwar noch nicht offiziell im Dienst, da die Hausübergabe vom Interimsleiter an uns erst für den 26. Februar geplant war, aber eine kurze Begrüßung war für uns trotzdem Ehrensache. Trotz eines furchtbaren Tags.

Danach wollte ich eigentlich nichts mehr hören und sehen, mich in mein Bett legen und meinen mittlerweile steinharten, angestrengten Zwillingsbauch ausruhen. Doch beim Blick in unsere Dienstwohnung stand uns die nächste böse Überraschung bevor: Die Zimmer waren noch nicht fertig renoviert, überall hingen Plastikfolien. Weil restlos alle Gästezimmer der Jugendherberge vermietet waren, wohnte der Interimsleiter in unserem Schlafzimmer. Hallo? Hätte man uns das nicht vorher sagen können? Und wo bitte waren unsere Möbel? Unser Bett? Unsere Sachen? Wir erfuhren, dass beide Umzugslaster seit Stunden irgendwo auf der anderen Seite des Berges im Schnee feststeckten und keinesfalls noch am selben Tag ankommen würden. Na toll, auch das noch. Ein Ersatz-Outfit und meinen Kosmetikkoffer hatte ich ja dabei, aber eine Notfallmatratze hatte ich nicht im Handgepäck. Wo war bitteschön der Aus-Knopf für diesen miesen Film? Ich spürte, wie mir alles zuviel wurde und der Kloß in meinem Hals immer dicker. Mein Optimismus verwandelte sich in ein großes, tränennasses Fragezeichen. Was machte ich hier? Mama, ich will wieder heim! Aber heim wohin? Ich hatte ja alle Zelte hinter mir abgebrochen und befand mich im Niemandsland. So hatte ich mir mein neues Leben nicht vorgestellt.

Nun nahm Mike die Dinge in die Hand. Er wandte sich an einen der Zivis und besorgte uns zwei Matratzen, Decken, Kissen und Bettwäsche. Davon gibt es in einer Jugendherberge ja jede Menge. Auf den Fußboden stellten wir eine alte Schreibtischlampe, damit wir wenigstens Licht hatten, wenn es schon immer kälter wurde – inzwischen war auch noch die Heizung im gesamten Haus ausgefallen. Langsam begann ich zu verstehen, warum in der Ausschreibung gestanden hatte, diese Jugendherberge sei ein „nicht unproblematisch zu führendes Haus." Ich fragte mich, ob ich die richtige Entscheidung getroffen hatte. Mein einziger Trost war Mike, der gerade zusammen mit den Zivis und dem Interimsleiter nach der Heizung sah.

An diesem Abend bekam ich jedoch nicht mehr mit, ob die Bude wieder warm wurde, denn ich schlief ganz schnell ein – im Gedanken, dass es nur noch besser werden konnte.

Als ich am nächsten Tag aufwachte, war das Zimmer tatsächlich wieder warm. Ein erster Lichtblick. Ich zog mich an und bereitete mich darauf vor, das in Füssen Gelernte heute erstmals im Sudelfeld anzuwenden, hatte vor, mir die Belegungssituation anzuschauen, offene Vorgänge durchzusehen, Gästerechnungen vorzubereiten und mich in Buchhaltung weiter fit zu machen. Auf welches Konto buche ich was? Muss ich jetzt Pergamentpapier auf „Papierwaren" oder „Haushaltsbedarf" buchen? Und welche Artikelnummer hat ein Lunchpaket? Oder eine Übernachtung mit Frühstück. Aber irgendwie war in meinem Kopf alles gelöscht. Wenn ich nicht so eine hormonelle Heulsuse gewesen wäre, hätte ich wahrscheinlich mit der Pergamentrolle um mich geschlagen. Aber in der Schwangerschaft hatte ich unheimlich nah am Wasser gebaut. A propos Wasser: Unser Start auf dem Berg glich dem sprichwörtlichen Sprung ins kalte Wasser. Es hieß, sich freizuschwimmen oder unterzugehen. Wir wollten Ersteres versuchen. So wühlte ich mich mit wässrigen Augen durch die Organisation der Jugendherberge. Ein Problem mit der Wasserzufuhr hatte ich damals beileibe keines ... Jedoch die Jugendherberge. Das Wasser lief nicht mehr richtig. Und da die Jugendherberge Sudelfeld nicht an die kommunale Wasserversorgung angeschlossen ist, sondern über eine eigene Quelle verfügt (übrigens mit hervorragendem Gebirgswasser), mussten wir das Problem selbst lösen. Mike machte sich also auf, um irgendwo auf dem Berg im Tiefschnee die Quellfassung zu suchen. Aber wo mochte sie sein? Keiner wusste es genau. Doch, es gab jemanden, die Leni! Sie bewirtschaftete seit 30 Jahren das kleine Café auf dem Parkplatz unterhalb der Jugendherberge, sie kannte jeden Grashalm. Also auch den Weg zur Quelle: 400 Meter ab der Viehtränke schräg links aufwärts, an der zweiten Tanne dann rechts und den Markierungen entlang. „Aufm Berg da muass ma zamheifa." Lenis Leitspruch ist auch zu unserem geworden und heißt soviel wie: Auf dem Berg muss man sich gegenseitig helfen. Ob Brot ausleihen, Autos reparieren, Schnee schaufeln oder durch einen Sturm entwurzelte Bäume beseitigen. All das ist selbstverständlich und es ist sehr beruhigend zu wissen, dass man sich auf seine nächsten Nachbarn hundertprozentig verlassen kann. So viele davon gibt es hier oben schließlich nicht: die erwähnte Leni, Bärbel und Hans vom Straßenbauamt und Ingo, den Senn, der sich im Sommer um die Kühe auf der Alm kümmert. Dann gibt es noch ein kleines Wochenendhäuschen, dessen Münchner Besitzer wir mittlerweile auch gut kennen.

Zusammen mit den Zivis, Nachbarn und der Bauabteilung des Herbergswerkes entlockten wir dem Haus nach und nach seine Geheimnisse. Was war zu tun bei widerspenstigen Heizkesseln, Stromausfällen, kaltem statt warmem Wasser, durchdrehenden Schlössern? Ja, so ein in den dreißiger Jahren erbautes Haus hat seine Tücken. Am 26. Februar fand die Übergabe statt und der Interimsleiter reiste ab. Von nun an waren Mike und ich auf uns allein gestellt.

Unsere Möbel und alles andere waren übrigens immer noch nicht eingetroffen. Die Schneelage war unverändert, kein Lastwagen schaffte den Weg zu uns hinauf und das

Umzugsunternehmen hatte unsere Sachen irgendwo im Tal zwischengelagert. Eine ganze Woche lebten wir mit dem, was wir am Umzugstag anhatten, dem sicherheitshalber mitgeführten Ersatz-Outfit und einigen geliehenen Dingen. Endlich kam der Anruf, dass unser Hausrat gebracht werden würde. Der Wetterbericht war gut, kein neuer Schneefall in Sicht. Am 2. März sollten die Laster anrücken. Man würde aber nur bis zum großen Parkplatz fahren, der 200 Meter unterhalb der Jugendherberge liegt. Die steile, verschneite Auffahrt wolle man mit den tonnenschweren Fahrzeugen nicht riskieren. So wurden all unsere Möbel und Kisten in den großen Jugendherbergs-Garagen am Parkplatz abgestellt und wir mussten sie mit dem Unimog Stück für Stück hochfahren. Einige Dinge, die wir nicht dringend benötigten, stehen heute noch unten in den Garagen.

Ende Februar stand auch gleich der erste Monatsabschluss an. Oje, das hatte ich noch nie allein gemacht. Der wird schön schiefgehen. Doch vom Ehrgeiz gepackt, buchte und fluchte ich bis drei Uhr nachts, berechnete und stornierte gleich wieder, irrte und wirrte mich durch das System. Irgendwann war mein Kopf leer, aber der Ordner voll. Der erste Monatsabschluss war tatsächlich geglückt. Durchgeboxt. Und noch jemand boxte. Die Zwillinge in meinem Bauch wollten ihre Ruhe haben. Eigentlich hätte ich mich schonen sollen, aber wie denn?

Anfang März, als sich die ersten warmen Sonnenstrahlen hervorwagten, gingen Mike und ich uns in Bayrischzell als neue Herbergseltern vorstellen, bei Bürgermeister und Bäcker, Apotheke und Arzt, Kirche und Kaufmann. Wir wurden überall freundlich empfangen. Weniger freundlich war die erste Gästebeschwerde. Eine Gruppe von Stammgästen hatte sich bei der Geschäftsführung darüber beklagt, dass sie nicht die gleichen Zimmer wie im letzten Jahr bekommen hatte und auch nicht ihre Begrüßungs-Speckplatte. Zu dieser Zeit waren wir gerade zwei Tage in Amt und Würden. Ja, mei, woher sollen wir das denn wissen? Also rasch eine Stellungnahme geschrieben, eine Entschuldigung formuliert und die Wogen wieder geglättet. Künftig würde ich solche Klippen umschiffen. Mit Speck fängt man Gäste. Und die sollen schließlich die Mäuse bringen.

In den folgenden Wochen grub ich mich tief in die neue Materie ein. Mit dickem Bauch und zwei Katern auf der Fensterbank saß ich im Büro, das gleichzeitig Rezeption, Kiosk und Personaldurchgang war. Da ich ein komplett anderes Arbeiten gewohnt war, musste ich mich neu organisieren. Ich analysierte die Abläufe und passte sie meiner Arbeitsweise und den Erfordernisse an. Ich optimierte: Eine zeitgemäße Telefonanlage musste her, ein gescheiter Kopierer und ein anständiges Faxgerät. Und ein neuer Bürostuhl. Der alte war noch ein Drehstuhl aus Holz. Das mag alles recht vorsintflutlich klingen, aber Mike und ich traten in einer Umbruchphase in das Jugendherbergswerk ein. Und wir brachen fleißig mit um – neue Besen kehren gut. Wir forderten viel, aber wir erfuhren auch viel Unterstützung, um effizienter arbeiten zu können. Inzwischen ist manches selbstverständlich geworden. Alle Jugendherbergen sind mittlerweile vernetzt, es gibt professionelle Internet-Auftritte, hausspezifische Profile und Programme und sogar ein Management-Kolleg für angehende Herbergseltern, in dessen Genuss wir im Jahr 2004 kamen, nach drei Jahren auf dem Sudelfeld.

Aber so weit sind wir noch nicht. Im Jahr 2001 war ich erst einmal angehende Herbergs- und Zwillingsmutter. Und risikoschwanger. Sechs Schwangerschaftsmonate hatte ich hinter mir, drei Monate Hoffen und Bangen standen noch aus.

## Um Leben und Tod:
## Unsere Zwillinge kommen – viel zu früh!

In der Nacht vom 5. auf den 6. April wachte ich mit Bauchschmerzen auf – ein grässliches Ziehen, das immer wieder kam. Als unerfahrene Erstgebärende dachte ich damals nicht im Traum daran, dass es sich um Wehen handeln könnte. Schließlich war es dafür ja noch viel zu früh. Am frühen Morgen war nichts besser, im Gegenteil. Die Schmerzen wurden stärker. Ich wusste nicht, was ich tun sollte.

Um acht Uhr früh waren die Krämpfe fast unerträglich geworden. Ich rief in der nahe gelegenen Arztpraxis an, die ich schon im März zur Kontrolluntersuchung aufgesucht hatte, und bekam einen Termin für den späten Vormittag. Um neun Uhr hielt ich es vor Schmerzen nicht mehr aus. Irgendetwas stimmte nicht. Aber was, verdammt? Ich hatte Angst. Mike und Zivi Martl fuhren mich in die Arztpraxis. Dort angekommen, wurde ich an den Wehenschreiber gehängt. Und es waren Wehen – alle zehn Minuten! Das nächstgelegene Krankenhaus mit Frühchen-Intensivstation befand sich in Rosenheim, etwa eine Autostunde entfernt. Dorthin sollte ich mit dem Krankenwagen gebracht werden. Mike wurde nach Hause geschickt; er sollte einige Sachen für mich zusammenpacken und dann direkt nach Rosenheim kommen.

Eine geschlagene Stunde wartete ich allein und vor Schmerzen gekrümmt im Hinterzimmer der Praxis auf den Krankenwagen. Endlich traf er ein: Ein stinknormaler Krankentransporter, nicht etwa ein Baby-Notarzt! Wehenhemmende Medikamente hatte er nicht dabei; so etwas gehört nicht unbedingt zur Grundausstattung eines normalen Krankentransporters. Und etwas anderes war nicht bestellt worden. Mittlerweile kamen die Wehen alle drei Minuten. Ich kam über die Schildkrötenhaltung nicht mehr hinaus und sah nur noch Sterne. Man beschloss, mit mir erst einmal zum nahegelegenen Krankenhaus Agatharied zu fahren, um mich dort an den wehenhemmenden Tropf zu hängen.

Als wir zehn Minuten später dort ankamen, war unverzüglich ein ganzer Pulk von Ärzten um mich herum. „Sofort in den Kreißsaal!" Aber es war doch viel zu früh für eine Geburt! Ich wurde panisch. Was passiert hier? Man hängte mich an den Tropf und die Wirkung des wehenhemmenden Mittels setzte augenblicklich ein. Eine Hebamme untersuchte mich. An ihrem Gesichtsausdruck konnte ich erkennen, dass die Lage ernst war. Nun bekam ich richtig Angst. Einer der Ärzte fragte, ob ich mit einem Notkaiserschnitt einverstanden sei. Was blieb mir anderes übrig? Ich ergab mich in die Hände meiner Helfer. Sofort wurde alles für die Operation vorbereitet, ich unterschrieb die notwendigen Papiere in der Luft. Der Anästhesist kam für die Vollnarkose, zwei Kinderärzte standen bereit, Hebammen, Ärzte. Trotz aller Hektik inmitten hochtechnischer Apparaturen fühlte ich mich endlich professionell aufgehoben. Man kümmerte sich um mich und war freundlich zu mir. Mike, der unterwegs nach Rosenheim war, wurde vom Kreißsaal auf dem Handy angerufen: „Drehen Sie um, Ihre Frau behalten wir hier, sie entbindet gleich!" Kurz bevor ich in die Narkose wegdämmerte, schickte ich ein inbrünstiges Stoßgebet zum Himmel, er möge doch bitte, bitte meinen Zwillingen nichts geschehen lassen. Dann spürte ich nichts mehr.

Um 13 Uhr mittags erblickten die beiden mit 790 und 740 Gramm Geburtsgewicht das Licht der Welt. Die Extrem-Frühchen wurden umgehend in zwei Brutkästen gepackt und in Begleitung der beiden Kinderärzte im Baby-Notarztwagen nach Rosenheim auf die Intensivstation gebracht. Von alledem bekam ich nichts mit. Ich kam einige Stunden nach dem Kaiserschnitt im Aufwachraum zu mir, immer noch mit Schmerzen, aber die waren ein Klacks gegen vorher. Mike war nach seiner Odyssee auch wieder bei mir in Agatharied, mit Polaroid-Fotos von unseren Kindern. Es waren zwei Mädchen! Aber wie sahen sie aus … zwei armselige kleine Bündel im Brutkasten, mit meterweise Schläuchen, Kabeln, Elektroden, Pflastern, durchsichtiger Haut, geschlossenen Augen und mikroskopisch kleinen Fingern! Der gesamte Unterarm nicht mal so groß wie ein Wattestäbchen! Und trotzdem. Ich war stolz. Schneller als erwartet war ich Mama geworden. Und keine Sekunde lang ließ ich den Gedanken zu, dass etwas passieren könnte. Natürlich hatten die Ärzte mich über sämtliche Risiken bei Frühgeburten aufgeklärt, von Hirnblutungen über Behinderungen bis hin zum Tod. Aber das alles wollte ich nicht in meinen Kopf lassen. Ich schaltete auf Zuversichtsmodus. Schließlich lebten die beiden Mädels. Bestimmt waren sie Kämpferinnen. Kleine Widder. Wie Mike. Ich glaubte fest daran, dass sie sich durchboxen würden.

Zwei Tage später wurde ich von Agatharied im Krankenwagen zu unseren Kindern ins Rosenheimer Klinikum gebracht, mit demselben Sanitäter, der mich ins Krankenhaus gefahren hatte. Nun kam alles hoch und ich ins Hinterfragen: Hätte man die Frühgeburt verhindern können, wenn es in der Arztpraxis einen Wehenhemmer gegeben hätte oder man dort die Situation richtig eingeschätzt hätte und ein Baby-Notarzt gerufen worden wäre? Wenn, wenn, wenn … müßig, sich diese Gedanken zu machen. Es war, wie es war. Und ich musste es so nehmen. Allerdings schwor ich mir, diese Praxis nie mehr zu betreten und künftig wieder meine Münchner Ärztin aufzusuchen. Und ich bedankte mich bei dem Sanitäter, der meinen Zwillingen mit seinem Vorschlag, mich nach Agatharied zu fahren, wahrscheinlich das Leben gerettet hatte.

In Rosenheim angekommen wollte ich sofort zu meinen Mädchen. Man fuhr mich mit dem Rollstuhl in die Intensivstation. Gehen durfte ich noch nicht. „Sie müssen jetzt ganz stark sein." Haltet die Klappe, wollte ich schreien. Meine Kinder leben doch! Lasst mich in Ruhe! Aber schreien konnte ich nicht, stattdessen flossen mir Tränen übers Gesicht, noch bevor ich die Zwillinge überhaupt sah. Und dann saß ich vor ihnen: Zwei kleine, zarte Geschöpfe. Intubiert, sondiert, beatmet. Kaum ein Fleckchen Haut ohne Pflaster, Elektrode oder Kanüle. Überall piepte und summte es. Zwei winzige, zerbrechliche Menschlein inmitten hochkomplizierter medizinischer Geräte. Ich musste weinen, lautlos, doch dann griff ich ganz vorsichtig in den Brutkasten und berührte die beiden Zwerge – erst den einen, dann den anderen. Und dabei fasste ich einen Entschluss: Nein, ich werde nicht vor dem Inkubator sitzen und mit dem Schicksal hadern. Ich werde kämpfen. Ich werde alles tun, was den beiden gut tut. Milch abpumpen, vorlesen, Händchen halten, da sein, Liebe geben. Optimismus, positive Energie und Humor in den Brutkasten gießen. Lebensmut ausstrahlen. Das ist sicher besser als eine tägliche Dosis Mitleid. Alles weitere liegt nicht in meiner Hand. Es kommt, wie es kommt. Als ich abends allein in meinem Krankenzimmer lag, kamen mir spontan zwei Namen in den Sinn: Lena und Lisa. Ich rief Mike an. Er war einverstanden. Ja, so sollten unsere Töchter heißen.

Ich blieb zehn Tage im Krankenhaus Rosenheim. Mike besuchte mich täglich. Meist brachte er die Belegungspläne aus der Jugendherberge mit, offene Vorgänge und viele Fragen. Der Ärmste musste das voll belegte Haus ganz allein schmeißen, nachdem wir beide gerade mal einen Monat „an Bord" gewesen waren. Außerdem waren Büro und Reservierung vorwiegend mein Part. Mir graute vor dem, was sich bis zu meiner Rückkehr alles auf dem Schreibtisch ansammeln würde. Eine Jugendherberge aus der Ferne aus zu leiten ist schwer. Doch noch war ich im Krankenhaus. Die meiste Zeit verbrachte ich nicht liegend in meinem Bett, wie ich eigentlich sollte, sondern sitzend vor den Inkubatoren. Ich wollte Lisa und Lena ganz nahe sein, wenn ich sie schon nicht in den Arm nehmen konnte. Und ich wollte sie durch meine Anwesenheit stärken. Und ja, auch mit meiner Milch, die ich regelmäßig abpumpte. Ätzend. Aber Muttermilch ist nun mal das Beste. Und Lena und Lisa konnten alle Hilfe brauchen. Sie bekamen die Milch über eine Nasensonde.

Am 18. April durfte ich das Krankenhaus verlassen. Meine Mädls mussten dort bleiben. Das war verdammt schwer. Eigentlich wollte ich bei ihnen bleiben. Auf der Rückfahrt fühlte ich mich irgendwie beraubt. Und sehr allein. Trotz Mike. Irgendwas fehlte. Ich hatte keinen Bauch mehr, aber auch keine Kinder bei mir. Es passte absolut nicht. Aber ich konnte nichts dran ändern. Lena und Lisa mussten beatmet und medizinisch versorgt werden. Die Situation war ernst. Zum Teil lebensbedrohlich. Und zu Hause, in der Jugendherberge, musste der Betrieb weitergehen. So oder so.

Ich stürzte mich in die Arbeit. Jetzt, wo ich wieder aus dem Krankenhaus zurück war, Lena und Lisa aber noch dort bleiben mussten, hatte ich Zeit, mich weiter einzuarbeiten. Ironie des Schicksals. Das Haus war gut gebucht und ich handelte nach dem Prinzip „learning by doing". Ich packte an, machte Fehler und lernte daraus. Das bekannte System. Aber es kamen auch die ersten Erfolgserlebnisse. Und ich durfte wieder Gas geben. Naja, eigentlich hätte ich mich noch schonen sollen, aber wie sollte das gehen? Gemeinsam mit Mike, unserer Köchin und den vier Zivis galt es, ein voll belegtes 92-Betten-Haus zu bewirtschaften. Eine Vertretung für mich war nicht zu bekommen gewesen. Also pfiff ich auf den 18-wöchigen Mutterschutz. Wenn schon kein Mutterschutz, dann wenigstens Muttermilch. Mein Tag begann mit der Melkmaschine. Ich pumpte Milch ab, so viel wie möglich. Grässlich fühlte ich mich dabei. Wie eine Kuh. Aber wenigstens keine blöde, denn ich tat es ja für Lisa und Lena. Vormittags kümmerte ich mich um An- und Abreisen, Rezeption und Reservierung, Buchhaltung und Büro. Ich tippte und telefonierte und in den Pausen pumpte ich Milch ab, die ich nachmittags in der Kühltasche den Kindern ins Krankenhaus brachte. „Tanten besuchen", so nannten Mike und ich unsere täglichen Fahrten nach Rosenheim. Wir fuhren meist gemeinsam dorthin, so konnte jeder von uns vor einem Brutkasten sitzen, im sterilen Kittel. Wir erzählten Lisa und Lena, was wir so erlebt hatten und legten dabei eine zuvor sauber desinfizierte Hand auf ihre zarten Rücken. Am frühen Abend mussten wir wieder in der Jugendherberge sein. Telefondienst, Essensausgabe, Gästebetreuung, Rechnungen vorbereiten, Türen reparieren. Was halt so anfällt. Das war unsere tägliche Routine, immer im Schatten der Angst, dass irgendetwas mit den Kindern sein könnte. Sie waren noch lange nicht über den Berg.

Am 24. April erhielten wir einen Anruf aus dem Krankenhaus. Wir sollten kommen, man müsse etwas mit uns besprechen. Voller Angst machten wir uns auf den Weg. Der zuständige Kinderarzt erklärte uns, dass Lisa und Lena operiert werden müssten. Ein Herzkanal, der sich bei normal geborenen Kindern meist mit dem ersten Schrei schließt, wollte nicht zusammenwachsen. Am nächsten Tag wurde Lisa mit dem Hubschrauber ins Münchner Herzzentrum gebracht. Die Operation fand unter dem Mikroskop statt. Lisa selbst war ja gerade mal 34 Zentimeter groß. Wir gingen unterdessen draußen spazieren, ich brauchte Ablenkung. Dann kam der erlösende Anruf auf dem Handy. Eingriff gelungen! Doch drei Stunden später platzte die innere Naht wieder auf. Also noch eine riskante OP unter Vollnarkose. Auch Lena brauchte am nächsten Tag zwei Operationen. Wie sollte es auch anders sein, waren ja Zwillinge. Bei beiden Mädchen ging alles gut aus. Ende April waren sie zurück im Klinikum Rosenheim und ich übernahm meinen bisherigen Rhythmus wieder. Vielmehr, mein Autopilot übernahm: Arbeiten, Abpumpen, Autofahren, Ankommen. Abfahren, Arbeiten, Abpumpen, Abendstarre. Ich funktionierte.

So ging es bis Mitte Mai. Dann kam erneut ein Anruf aus dem Krankenhaus. Aber diesmal mit einer guten Nachricht: Lisa und Lena brauchten keine Beatmungsgeräte mehr und konnten selbstständig atmen! An diesem Nachmittag durften wir zum ersten Mal „Känguruhen", also die Mädchen aus dem Brutkasten nehmen und auf unseren Bauch legen. Endlich! Hautkontakt. Körperwärme. Den Atem hören, das Herz spüren. Das gab mir Auftrieb. Stundenlang lag ich so da, mal mit Lena, mal mit Lisa auf dem Bauch.

Auch außerhalb des Krankenhauses ging es aufwärts, mit immer mehr Sonnentagen. Am 3. Juni schneite es im Sudelfeld nochmal. Egal. Mir war warm ums Herz. Unsere Kinder entwickelten sich gut und waren fleißig dabei, aufzuholen und zu wachsen. Am 23. Juni, zu Sonnwend, feierten wir Johanni mit unseren Gästen, Mitarbeitern, Freunden aus München und Nachbarn. Wir zündeten ein gigantisches Feuer an. Für Lena und Lisa. Und für uns selbst, weil wir die ersten Monate hier oben gut überstanden hatten. Mike und ich beschlossen, das Johannifest künftig jedes Jahr auf diese Weise zu begehen. Und dass unser Feuer immer das größte auf dem Berg sein sollte. Das Sonnwend-Wochenende hat mittlerweile einen festen Namen: „Berge in Flammen". Inzwischen gehört es zu unseren begehrtesten Angeboten.

Im Juli gab ich mich meiner früheren Profession hin und organisierte einen PR-Event: die symbolische Übergabe des Herbergsschlüssels an uns, was an einem traumhaften Sommertag mit Bürgermeister, Pfarrer, Lieferanten, Nachbarn und Freunden des Hauses gefeiert wurde. Natürlich auch mit Reinhard und Wally, die aus Lindau angereist waren. Unsere Kinder konnten wir ihnen noch nicht zeigen. Sie waren immer noch im Krankenhaus, sollten aber Mitte August entlassen werden. Bis dahin mussten sie ihr normales Geburtsgewicht erreicht haben, etwa 3000 Gramm. Vorher legten Mike und ich noch eine „Baby-Pause" ein. Bevor Lena und Lisa nach Hause kamen, wollten wir nochmal auftanken. Zunächst hatten wir Zweifel, ob wir überhaupt verreisen sollten. Für die Herberge hatten wir vorgesorgt, aber was war mit den Kindern? Wären wir nicht Rabeneltern? Der Kinderarzt ermutigte uns: „Sie machen das goldrichtig, fahren Sie nur." Gut. Lena und Lisa wussten wir in besten Händen und ich konnte Tag und Nacht im Krankenhaus anrufen. Wir fuhren also an den Gardasee – nicht so weit weg, für den Fall der Fälle. Dort gönnte ich mir mein erstes Glas Rotwein nach neun Monaten Apfelsaft. War das ein Gaumenfest! Ansonsten: Pizza, Boot fahren, Baden, Eis essen. Shoppen in Verona. Dolce Vita. Aber bald auch Heimweh. Es zog mich zurück zu unseren Kindern. Ich war bereit für mein neues Leben als Zwillingsmama und fieberte dem Tag ihrer Entlassung entgegen, dem 20. August 2001. Kurz zuvor holten wir noch unseren zukünftigen Familienhund zu uns. Ich hatte mir schon länger einen gewünscht, und weil er gemeinsam mit den Kindern aufwachsen sollte, hatten wir bereits einen Welpen ausgesucht. Sechs Wochen war die kleine Hündin nun alt und sollte Lotti heißen. Das ruft sich so leicht: Lisa, Lena, Lotti! Reinkommen!

Endlich, 20. August. Rund fünf Monate hatten unsere Töchter im Krankenhaus verbringen müssen, und genauso lange hatten wir sie dort fast täglich besucht. Insgesamt ratterten wir dabei rund 12 000 Kilometer herunter. Aber nun war es vorbei. Endlich durften wir unsere beiden Schätze nach Hause holen! Mit im Gepäck hatten wir genaueste Anweisungen für den Notfall, beispielsweise den Atemstillstand eines Kindes. Die letzten Tage waren wir bereits fit gemacht worden in Beatmung und Herzdruckmassage. Wir hofften inständig, dass wir unsere Kenntnisse nie würden anwenden müssen.

Lisa und Lena mussten auch zu Hause weiterhin an ein Atemüberwachungsgerät angeschlossen sein. Sobald ihre Atmung unverhältnismäßig lange aussetzte, fing das Gerät laut zu piepen an. Oft war es falscher Alarm, weil nur die Elektrode verrutscht und damit der Kontakt unterbrochen war. Aber das weiß man vorher nicht. Also stürzt oder stolpert man hektisch hin, um nachzuschauen. Manchmal mussten die Kinder nur angestupst werden, weil sie im Tiefschlaf vergessen hatten, regelmäßig zu atmen. Das kam nachts manchmal sieben bis acht Mal vor. Oder der Schnuller war weg. Das erzeugte ebenfalls Alarm, aber anders.

Mit den beiden Mädchen zu Hause war mein zwillings- und herbergsmütterliches Funktionieren noch anstrengender geworden. Ich genoss unsere Kinder, hatte aber praktisch keine Zeit mehr für mich. Was soll's, davon würde ich später als Rentnerin genügend haben. Ich aß wie ein Scheunendrescher und magerte trotzdem auf 48 Kilo ab. Die Belastung zehrte wortwörtlich an mir. (Zur Beruhigung, heute wiege ich wieder gepflegte 54 Kilo.) Was Mike und mir außerdem zusetzte, war der Trubel um uns herum. Unsere Dienstwohnung war umgeben von Gästezimmern, die häufig belegt waren mit lautstark pubertierenden Teenies. Solange unsere Babys noch im Krankenhaus waren, fanden wir Türkenknallen und Gejohle vor unserer Wohnungstür oder Getrampel auf dem Flur nicht weiter störend. Nun begann es uns extrem zu nerven, zumal die beiden Mädchen ständig davon aufwachten. Und trotzdem. In welchem anderen Beruf hätten wir Arbeit und Familie so gut verbinden können? In welchem Büro kann man schon den Laufstall neben den Schreibtisch stellen? Es gibt nicht viele Angestelltenverhältnisse, in denen man so selbstbestimmt leben kann. Wir empfanden das als Luxus. Und wir waren glücklich, zwei gesunde Kinder zu haben. Trotz ihres dramatischen Starts ins Leben waren und sind Lisa und Lena wohlauf und putzmunter. Gott sei Dank. Das meine ich wörtlich.

## Herbergseltern – Zwillingseltern:
## Langsam geht's aufwärts

Fast könnte man sagen, ich habe so lange gekämpft und weitergemacht, bis das Schicksal nach meiner Nase getanzt hat. Täglich ging es ein Stückchen weiter bergauf. Wir waren eine richtige Familie geworden: Eltern, zwei Kinder, zwei Katzen, ein Hund. Mike und ich meisterten unsere gemeinsame Aufgabe als Herbergseltern zunehmend besser: mit jeder Reservierung und jedem Gast, jedem Lob, aber besonders jedem Zwischenfall lernten wir dazu. Langsam wurden wir in der Leitung des Hauses sicherer und waren nicht mehr so leicht aus der Bahn zu werfen, selbst wenn zwei Tage lang der Strom und damit die Heizung ausfiel. Dann wurden schnell Kerzen und Taschenlampen ausgegeben und der Gaskocher wurde angeworfen. Nach der einschneidenden Erfahrung unseres ersten Abend auf dem Sudelfeld hatten wir vorgesorgt – mit Anstaltspackungen an Kerzen, Taschenlampen und Campingleuchten, die aber heute dank eines neuen Heizkessels meist auf dem Speicher bleiben dürfen.

Etwas unglücklich machten mich die alten grauen Wollvorhänge, die unserem Speisesaal und den Zimmern einen Hauch von Miefigkeit gaben. Ich besorgte gelben und roten Stoff, außerdem welchen mit Sonnenblumendruck und Leopardenmuster. Unsere Küchenperle Verena (die uns bis heute treu geblieben ist) nähte daraus nächtelang Vorhänge. Meine nächtliche Handarbeit bestand parallel dazu aus Fläschchen geben, Schnuller suchen, Kinder in den Schlaf huppern, zum Atemmonitor rennen, verrutschte

Elektroden wieder richten. Und dann und wann einer Mütze Intervallschlaf. Sei's drum. Das Innenleben der Herberge wurde freundlich, farbenfroh und kuschliger. Da ich eine gute Flohmarktkundin bin, fand jeder Trockenblumenstrauß und jedes Gamsgeweih seinen Platz. Hier noch eine Efeugirlande hingetackert und dort eine Lichterkette. Ja, ich dekoriere mit Herzblut und mag Stilbruch mit Stil. Inzwischen hängen MTV-Plakate und röhrende Hirsche einträchtig nebeneinander.

Als Nächstes war die Außenfassade dran. Das vergilbte Schmuddelweiß ersetzten wir durch ein leuchtendes Sonnengelb. Damit sah man die Herberge schon von weitem. Und endlich konnte ich auch die Fensterläden mit Blümchen verzieren, genau wie ich es schon bei unserem allerersten Besuch vorgehabt hatte. Die Zwillinge sahen uns vom Kinderwagen aus zu, bewacht von Hündin Lotti. Und die beiden Kater Billy und Xaver legten regelmäßig eine Maus vor die Treppe. Wahrscheinlich als Belohnung, weil wir alle so schön malten.

Nun hatte das in den dreißiger Jahren erbaute Haus nicht nur neue Herbergseltern, sondern auch ein frisches Gesicht. Und das sollten die Leute wissen. Als ehemalige Kommunikationsmanagerin wollte ich unter die Lupe nehmen, was unser Haus so besonders macht (USP hieß das in meinem früheren Leben, „Unique Selling Proposition" das einzigartige Verkaufsargument sozusagen). Wir hatten ja einiges zu bieten: Familiäre Atmosphäre. Herzlichkeit. Einen Speisesaal mit alpenländischen Wandmalereien. Alte Holzböden. Berge. Adler und Alphornbläser. Schnee und Skifahren (zu Fuß auf die Piste!). Lagerfeuer und eine eigene Quelle. Bei uns gibt es Kühe und Katzen,

Wiesen und Wälder, tatsächlich auch Edelweiß und Enzian, viele Gipfel und noch mehr Gefühl. Damit war unser Profil geboren: „Wie bei Heidi auf der Alm." Dieses Motto zieht sich bis heute nicht nur durch all unsere Prospekte, sondern auch durch das gesamte Haus. Bei uns gibt es beispielsweise „Hüttenschmarrn" zu essen, einen süßen Semmelauflauf. Oder „Alpensushi", Fischstäbchen halt. Wir haben einen „Hopfenkaltschalenschrank" für die Erwachsenen. Da ist Bier drin. Unser Welcome-Drink heißt „Almdudler". Und bei uns duzt man sich. Egal, ob kleine Blumenfeen, große Bergbarone oder ausgewachsene Waldschrate. Wir prägten den Spruch „Ab tausend Metern ist man per Du". Und wir hatten noch keinen Gast, der das Du nicht gerne annahm. Es ist soviel heimeliger, herzlicher.

Nach und nach bekamen wir immer nettere Einträge in unser Gästebuch. Viele Leute kamen jedes Jahr wieder – Familien, Schulklassen, Skiclubs, Sportgruppen, Vereine. Wir hatten auch schon eine indische Ganesha-Feier, eine Veranstaltung der Square Dancer und einen Harfenkurs. Der schöne Effekt war, dass die Gästezahlen wuchsen. Genauso wie Lena und Lisa. Mit drei Jahren durften sie in die Zwergerlgruppe des Kindergartens von Bayrischzell gehen. Das tat ihnen gut und mir auch. Denn so konnte ich die Vormittage über wieder etwas geregelter arbeiten und musste nicht dauernd unterbrechen, weil Kind eins die Trommel auf den Kopf von Kind zwei geworfen hatte oder zwillingsgerechtes Bespaßungs-Programm gewünscht war. Ein weiterer Vorteil des Kindergartens war, dass wir dadurch Familien mit gleichaltrigen Kindern kennenlernten. Inzwischen haben wir Freunde aus dem Ort, mit denen wir schon manches Mal in Urlaub waren. Kurz: Wir haben Wurzeln geschlagen. Man hat uns angenommen, auch als Exoten.

Im Lauf der Jahre sind die früheren Zweifler verstummt. Wir haben ein tolles Team und nette Herbergseltern-Kollegen, die wir bei der jährlichen Führungskräftetagung treffen. Wir fühlen uns wohl. Auch aus meinem früheren Leben sind mir die wirklich wichtigen Freunde und Kontakte geblieben – in Garmisch, Medienmünchen oder Italien. Es sind die „herzverbundenen" Menschen, die Seelenverwandten, mit denen man dort anknüpfen kann, wo man beim letzten Treffen aufgehört hat, auch wenn man sich lange nicht gesehen hat.

Das alles mag so klingen, als sei bei uns auf dem Berg ständig Friede, Freude, Eierkuchen. Nichtsda. Auch für Herbergsleiterinnen auf 1200 Metern gibt es genügend Ecken und Kanten, an denen man sich stoßen kann. Genau wie in jedem anderen Job gibt es Hochs und Tiefs. Und natürlich kracht es auch immer wieder mal zwischen Mike und mir. Es ist immer noch schön, gemeinsam zu arbeiten, aber naturgemäß ist dabei auch das Konfliktpotenzial um einiges höher. Darum gibt's mitunter Gattengezänk, verbale Scharmützel, Anschweigen oder Türenknallen. Genau, das dürfen wir – wie unsere Gäste – dann auch mal. Aber zumindest wissen wir, worüber wir streiten. Und wir raufen uns auch wieder zusammen. Wichtig ist, dass unterm Strich alles passt. Beruflich wie privat. Und das tut es.

# Von der „Sennerin von MTV"
## zur „Vorzeige-Downshifterin"

Früher war mein Job, Geschichten zu „verkaufen" und in den Medien zu platzieren. Als ich diesen Job aufgab, wurde die Geschichte meines Spurwechsels ihrerseits zum Gesprächsstoff. Das Thema wurde zum Selbstläufer. Immer wieder wurde ich gefragt, ob ich nicht Lust hätte, ein Interview zu geben, bei irgendeiner Talkshow mitzumachen oder für eine Berichterstattung zur Verfügung zu stehen. Machte ich gerne. Warum sollte ich meine Geschichte schließlich nicht erzählen? Ich wäre blöd gewesen, wenn ich abgelehnt hätte. Erstens machte mir das Spaß und zweitens war es gute Werbung für die Jugendherberge.

So war ich für den „Stern" die „Sennerin von MTV", die eine „etwas andere steile Karriere" gemacht hatte. Im „SWR-Nachtcafé" diskutierte ich neben Regisseurin Caroline Link und Österreichs Baulöwe Richard Lugner über den „Traum vom erfüllten Leben" und das Bayerische Fernsehen drehte eine Reportage über meinen „Ausstieg ins Glück". Das Interesse der Medien war groß und zielte fast immer in die gleiche Richtung: Was hat es auf sich mit dem „Weniger ist mehr"? Die „Süddeutsche Zeitung" griff dieses Phänomen in einem großen Artikel über das „Ende des Rattenrennens" auf. „Downshifting" nennt man das jetzt, was sich fast wörtlich übersetzen lässt mit „Herunterschalten", im Sinne eines Kürzertretens: weniger Einkommen, mehr Lebensqualität. Anscheinend war ich unbewusst zur Vorreiterin eines Trends geworden, der aus den USA zu uns herübergekommen sein soll. Und auch wenn es meine ureigenste Entscheidung war, Herbergsleiterin zu werden statt Medienfrau zu bleiben, erklärte mich der Spiegel Anfang 2007 zu „Deutschlands Vorzeige-Downshifterin". Der ‚Münchner Merkur' formulierte bald darauf: „Wie Angie Sebrich ihr Leben wiederfand". Womit sich der Kreis schließt: Nichts gesucht und viel gefunden.

Ich gehöre zur Fraktion derjenigen, für die das Glas halb voll ist, nicht halb leer. Schließlich kann es nur so irgendwann wieder ganz voll werden. Halb leer kippt es um. Allerdings habe ich inzwischen gelernt, dass Glück auch vorbereitet sein will. Man muss sich auf den Weg dorthin machen … und unterwegs nicht vergessen, dass das Leben im Hier und Jetzt stattfindet und darauf wartet, entdeckt zu werden.

Ja, ich hatte Glück. Und ich habe auch gelernt, dass sich Glück in zahlreichen Momenten, Stimmungen oder Gefühlen offenbart. In kleinen Zeiteinheiten, die man manchmal gar nicht wahrnimmt, weil man im Stress ist, keine Muße dafür hat oder sich selbst im Weg steht. Auch ich kämpfe oft mit dem Uhrzeiger. Aber selbst, wenn die Zeit drängt, weil Lena und Lisa um halb neun im Kindergarten sein müssen und es schon fünf vor halb ist, eine Runde ausgiebig Herzen muss bei mir immer drin sein. Inklusive Spuckebussi. Das pumpt Glück in die Adern!

Es gibt so viele verschiedene Glücksarten. Meine sind nicht wissenschaftlich bewiesen, aber praktisch erprobt. Es lebt sich beispielsweise wesentlich entspannter, wenn man nicht auf die Kirschen in Nachbars Garten schielt, sondern auf das schaut, was man selbst hat. Neid ist ein Glückskiller. Die Glücksbringer aber sind meist näher, als man denkt. Freunde sind Glück. Familie. Eine Aufgabe zu haben. Gebraucht zu werden. Ein Haustier zu haben. Gesund zu sein. Oder wieder gesund zu werden. Pink-farbene Schlittschuhe geschenkt zu bekommen. Oder ein Schnäppchen abzustauben. Karussell zu fahren. Eine Eins in Mathe. Nach einer Talkshow in einem tollen Hotel übernachten zu dürfen. Ein Picknick auf dem Jägerstand. Sand unter den Füßen. Ein Weißbier in der Abendsonne. Gelobt zu werden. Geliebt zu werden. Kinder zu haben. Es gibt so vieles, was uns ein zufriedenes Lächeln aufs Ge-sicht zaubert. Wir müssen es nur erkennen und bewusst aufnehmen, am besten auf unserer eigenen Festplatte, un-serem Hirn, abspeichern. Selbst, wenn das Marmeladen-brot fünf Mal vor dem Kindergarten auf der frischen Hose landet. Na und? Alles halb so schlimm. Wenn die Kurzen flügge geworden sind, denken wir wahrscheinlich sehnsüchtig an die pappigen Hände zurück. Und fragen uns altersmilde: Warum hab ich mich damals nur darüber aufgeregt? Lieber Marmelade auf der Hose als Zornes-falten auf der Stirn. Meine Ur-Oma, auch „Lach-Oma" genannt, hat immer gesagt: „Im Alter bekommt man das Gesicht, das man verdient." Immer öfter habe ich den Eindruck, dass das stimmt. Meine Falten verlaufen zwar mittlerweile auch senkrecht, aber wesentlich mehr reichen quer über die Stirn: Vom begeisterten Augenaufreißen. Hoffentlich bleibt das so …

Ich bin schnell entflammbar. Ein spontaner Bauchmensch. Warum drinnen essen, wenn draußen die Abendsonne lockt? Au ja! Pizza essen gehen und dabei Leute schauen. Nach Salzburg in den Zoo fahren. Mit den Kindern im

Zelt schlafen. Alles ausprobieren und alles mitnehmen. Venezianische Lichter, ein bisschen trallala. Dem Alltag entfliehen, schöne Momente schaffen und Gefühle genießen. Abenteuer Leben. Her damit! Es hat ja jeder seine ganz individuelle Glücksbringerliste. Mit ganz unterschiedlichen Prioritäten. Und das ist gut so.

Oft werde ich gefragt, ob ich meine Entscheidung jemals bereut habe. Die Antwort ist immer die gleiche: Nein. Denn hätte ich meinen Entschluss bedauert, wäre ich nicht mehr hier. Jetzt ist die Zeit zu bleiben. Auch das ist eine Entscheidung. Wichtig ist nur, dass man sie wirklich getroffen hat. Nicht „Ich muss das ja machen, weil …". Oder „Wenn XY nicht wäre, würde ich …". Nein. Entscheiden braucht den Mut, sich zu bekennen. Jeder zu seinem eigenen Lebensmodell, mit seinem eigenen Bauchgefühl. Und dann kann's losgehen.

## Gretchenfrage fünfter Teil:
## Das Leben passiert – Gretchen go!

„So kannst du doch nicht herumlaufen!" (Muttern, 1980) –
„Und das soll schön sein?" (Muttern, klar, 1990) – „Wie
kannst du nur so einen geilen Job aufgeben?" (Kollegen,
Skeptiker, Status-Sammler etc., 2000) – ... An solche Kommentare erinnere ich mich noch gut. Was hab' ich sie ge-
hasst! Dieses Schubladendenken nach dem Motto „Des
macht ma doch ned". Aber im Grunde muss ich dankbar
dafür sein. Vielleicht ist gerade deswegen mein Leben bisher so bunt verlaufen. Denn wenn man mir sagt „Das
kannst du doch nicht machen!", setzt bei mir ganz von
selbst der „Jetzt-erst-recht!"-Modus ein. Zumindest blinkt
das „Warum-denn-nicht?"-Lämpchen auf. Auf diese Weise habe ich in meinem Leben schon einige unpopuläre
Entscheidungen getroffen. Zu ihrer jeweiligen Zeit fand
ich jede davon gut, ganz gleich, ob es um grüne Haare
ging, gestreifte Röhren-Jeans oder die hartnäckig durch-
geboxte Nasenoperation mit 16.

Ich bin immer gerne gegen den Strom geschwommen.
Auch heute ist mir nichts peinlich genug und alles einen
Versuch wert. Im Jahr 2006 wollte ich meine längst ver-
gangenen, postabituriellen Schauspielambitionen wieder
aufleben lassen und machte beherzt bei einem Fernseh-
Casting mit. Am nächsten Tag kam prompt der Anruf der
Castingfirma. Man würde mich gerne in der SAT-1-Serie
„Richter Alexander Hold" einsetzen. Ich sollte eine De-
tektivin spielen. Offenbar tat ich das auch recht über-
zeugend, denn ich durfte als solche in sieben weiteren

Folgen Fälle lösen. Ich hoffte schon auf den internationalen Durchbruch. Nein, war ein Scherz. Aber vielleicht entdeckte man mich ja für irgendeine Mittvierziger-Soap? Doch es rief niemand an, auch die Caster meldeten sich nicht mehr. Die Detektivin war wohl beim Schnüffeln erschossen worden. Aber nun wollte ich es wissen. Ich recherchierte die Adressen von Regisseuren, die ich gut fand, und wollte sie anschreiben, ob sie nicht ein kleines Röllchen für mich hätten. Ganz schön bescheuert, oder? Aber Schauspielern ist mein Faible, kamerascheu bin ich auch nicht und Fragen kostet schließlich nix. Zunächst schrieb ich den genialen Gerhard Polt an, der ja bei uns quasi um die Ecke wohnt. Er hatte zwar keine Rolle für mich, aber wenigstens eine sehr nette Antwort. Davon motiviert, nervte ich einen jungen Kultfilmregisseur und schrieb sogar einige Filmemacher von Rang und Namen an. Aber keiner ließ etwas von sich hören. Ja, ich versteh schon. Lass die Mutti mal oben auf dem Berg. Sei's drum – jetzt weiß ich zumindest Bescheid. Wer nicht fragt, bleibt doof. Ich hatte es zumindest versucht. Und ich kann ja immer noch beim hiesigen Bauerntheater anfragen.

Ich finde es durchaus legitim, auch mal ungewöhnliche Dinge anzugehen. Man darf sehr wohl aus dem Raster fallen. Es ist schließlich unser Leben! Und wenn jemand seine selbstgehäkelte rosa Pudelmütze aufsetzen möchte, mit 40 zu modeln beginnt oder mit 60 den Tauchschein machen will, dann soll er das! Es ist nichts peinlich oder blöd, solange wir es selbst gut finden, es selbstbewusst vertreten und dabei authentisch bleiben.

Die Initialzündung dafür, im Jahr 2000 meinen Job bei MTV aufzugeben und als Herbergsmutter in den bayerischen Alpen anzuheuern, war ein Bauchgefühl. Dass dieses Gefühl mich nicht getäuscht hat, zeigen mittlerweile sieben Jahre Jugendherberge. Es hätte auch schiefgehen können. Das war unser Risiko, denn den Vertrag mit der Jugendherberge unterschrieb ich gemeinsam mit Mike. Allein hätte ich diesen Spurwechsel nicht gewagt. Acht Jahre sind wir nun verheiratet – ich bin froh, dass Mike meinen Antrag damals angenommen hat, auch wenn ich es lieber umgekehrt gehabt hätte. Was einmal mehr beweist, dass man sein Glück größtenteils selbst in die Hand nehmen und schmieden muss. Ich glaube fest daran, dass man mit einem guten Schuss positiven Denkens, einem Tick Eigenwilligkeit, einer Prise Diplomatie, ein bisschen Kopfarbeit, verbunden mit Herz, Mut und ausreichend Humor dem Leben einen ganz neuen Dreh geben kann. Und manchmal kommen ganz ungewöhnliche Sachen dabei heraus, wie bei mir die Wandlung vom Hype zur Heidi. Wobei ich mich selbst nicht geändert habe. Ich trage weder Hauskittel noch Filzschuhe, noch begrüße ich jodelnd unsere Gäste. Ich schminke mich nach wie vor, fahre weiterhin zu meinem Haus- und Hoffriseur nach München, hab mir zum vierzigsten Geburtstag sogar Extensions schenken lassen (genau, Haarverlängerung, das putzt ungemein, genauso wie Permanent Make-Up), gehe immer noch leidenschaftlich gern shoppen und hab auch meinen Schuh-Tick behalten, der halt jetzt nicht mehr bei Miu Miu, sondern bei Deichmann ausgelebt wird. So what. Ist doch egal, was unten drauf steht. Früher hab ich Meilen gesammelt, heute Kilometer, wenn ich für einen vergessenen Staubsaugerbeutel eine dreiviertel Stunde bis zum nächsten Obi fahren muss. Damals bestand mein Frühstück aus Kaffee mit Zigarette, heute aus Kakao mit Strohhalm. Einst glotzte ich Jennifer Lopez auf den Popo, heute in Kuhaugen. Glockengeläut statt Glitzerleben. Seinerzeit schrubbte ich 80-Stunden-Wochen, heute die Nutella vom Fußboden. Und da haben wir schon die perfekte, schokoladenverschmierte Überleitung zum Allerwichtigsten in meinem Leben: Lena und Lisa, unsere Zwillingsmädls. Ich bin dankbar, dass sie gesund und richtige „Feger" sind. Ich herze täglich meinen Mann, zicke ihn noch öfter an und wundere mich, dass er mir immer noch Blumen schenkt. Ich genieße es, einen Hund halten zu können, zur Not auch eine Milchziege oder ein Kamerunschaf. Ich bin froh, familiären Rückhalt, Gottvertrauen, Heimat und Wurzeln zu haben (danke, Mama! Und Papa da oben). Ich habe Spaß an meinem Job und kann mitunter gar nicht fassen, wie sich alles entwickelt hat. Wie der Sprung ins Ungewisse zu einem Ankommen wurde, wenn auch zunächst mit schmerzhaftem Aufprall und schwierigen Zwischenstationen. Aber der Weg zum Gipfel ist meistens kompliziert, vor allem, wenn man den Weg nicht kennt. Deswegen: Augen und Herz offenhalten. Durch Zufall entdeckt man auf diese Weise oft die schönsten Plätze des Lebens, die man leicht verpasst, wenn man stur nach oben stiefelt. Wer dem großen Glück nachläuft, entläuft der Ruhe, sagt ein jüdisches Sprichwort. Und vielleicht findet man auch seinen ganz persönlichen Nebengipfel, der einem viel besser gefällt als die allerhöchste Zinne. Wurscht, was andere sagen.

Ich hatte nie einen Plan für mein Leben in der Tasche. Hätte man mir je die berühmte Frage gestellt, was ich in fünf Jahren zu tun gedächte, wäre ich vermutlich um eine Antwort verlegen gewesen. Ich war kein hartgesottener Karrierist oder Kanzleramtsanwärter. Nie habe ich mir vorgenommen: „Ich will da rein", wollte nie etwas mit allen mir zur Verfügung stehenden Mitteln erreichen. Insofern habe ich tatsächlich wenig gesucht. Und trotzdem eine Menge gefunden.

Ich habe mich vor allem an eines gehalten: Immer das Beste geben und versuchen, sich durchzubeißen, wenn's schwierig wird. Wenn es dann trotzdem nicht klappt oder man der Sache gar keine Freude abgewinnt, hat man es zumindest versucht ... und kann sich guten Gewissens nach einer anderen Herausforderung umsehen. Die Dakota-Indianer haben es auf den Punkt gebracht: Wenn du ein totes Pferd reitest, steig ab. Aus der Bereitschaft, umzusatteln und Vertrautes loszulassen, können ganz irre, wunderbare Dinge entstehen. Schließlich hat das Leben keinen Plan. Es passiert. Und es schreibt die besten Geschichten. Leben „reloaded". Wie schön, dass es Anglizismen gibt. Und Downshifting.

Wenn ich heute gefragt werde, was ich in zehn Jahren machen werde, kann ich darauf nur eines sagen: Ich weiß es nicht. Wie singt noch gleich Doris Day: „The future's not ours to see – what will be, will be." Gut möglich, dass ich nach wie vor gerne im Sudelfeld bin. Vielleicht aber auch in meiner alten Heimat Garmisch, wo ein großes Stück meiner Seele wohnt und wohin es mich manchmal mit Macht zieht? Ich kann dieses Gefühl nur auf Bayrisch ausdrücken: Do san meine Freind dahoam, do is mei Vater g'storb'n. Auf alle Fälle brauche ich immer einen Rahmen, der Glück überhaupt erst möglich macht. Dazu gehört ein Beruf, der mir gefällt und mich erhält und Raum für mich und meine Lieben lässt – so wie jetzt gerade. Hätte mir früher jemand prophezeit, dass ich mal Herbergsmutter im Alpenstyle sein würde, ich hätte ihn wohl kaum ernst genommen. Aber so kann's gehen ... und wenn ich mein zweiundvierzigjähriges Erdentreiben im Rückspiegel betrachte, dann bleibt mir eigentlich nur eines zu sagen: Dankeschön, Leben!

Meist bekommen wir von unserem Leben ja immer dann eine neue „Hausaufgabe", wenn wir es am wenigsten erwarten. Die Aufgabe besteht dann darin, sich einer neuen Chance zu stellen, statt zu sagen: Halt, ich bin noch nicht soweit. Bitte in zwei Jahren wieder anklopfen, liebes Leben, wenn die Kinder aus dem Haus sind, die Wohnung abbezahlt oder dies oder jenes unter Dach und Fach ist. Das Leben wartet nicht. Das ist ja das Dumme. Entscheiden müssen wir uns in der Zeit, in der die Herausforderung gilt. Geh oder steh. Was nicht zwingend heißt, dass wir uns für die Veränderung entscheiden müssen. Wenn man spürt, dass man sich in seiner augenblicklichen Situation rundum wohl fühlt und auch kein kleines Bauchstimmchen aufmuckt, ist das doch wunderbar! Dann ist eben gerade Zeit zum Bleiben und das Leben wollte nur mal kurz nachfragen, ob noch alles passt. Mit dem Vorteil, dass wir unsere Situation kritisch hinterfragt haben und uns dann erneut bewusst entschieden haben. Dafür oder dagegen. Ich bin sicher, dass ganz oben im Tower jemand sitzt, der es gut mit uns meint und auch mal ein paar Schräubchen an unserem Lebensauto nachzieht, damit es wieder in Gang kommt, wenn es röchelt und bockt. Ob wir es nun Schicksal nennen, Bestimmung, guter Stern oder Gott.

Krisen und Tiefpunkte können tatsächlich das Sprungbrett zu einem neuen Leben sein – beispielsweise, wenn man durch den Verlust des Arbeitsplatzes endlich den

Schritt in die Selbstständigkeit gewagt hat und darin richtig gut ist. Oder entdeckt, dass man alleine viel glücklicher lebt. Wer weiß das schon vorher? Meist hat jedes „Loch" seinen tieferen Sinn. Die Karten werden im Himmel gelegt.

Unabdingbar ist im Leben nur die Bewegung. Lenken kann man schließlich nur, wenn etwas läuft. Im Stehen funktioniert es nicht (eigentlich weiß ich das schon, seit ich Fahrrad fahren kann, habe es aber bisher nie auf das Leben bezogen). Wenn man also etwas ändern will, muss man selbst etwas dafür tun. Nicht hadern, sondern handeln. Einfach nur in der Hängematte abwarten und Bestellungen ins Universum abschicken reicht auf die Dauer selten aus. Natürlich gibt es ganz besonders fiese Löcher, in die man fallen kann. Und neue, ungewohnte Situationen können einen zunächst ganz schön lähmen. Aber nach einer Zeit des Trauerns, Ärgerns oder der Orientierungslosigkeit muss man irgendwann wieder in Gang kommen, die Handbremse lösen und dem Leben von neuem seinen Lauf lassen. Dazu braucht es manchmal nur einen Knüppel, um den inneren Schweinehund totzuschlagen, der einen davon abhält, seine Träume zu verwirklichen. Oder, weniger hochtrabend formuliert: dem eigenen Glück auf die Sprünge zu helfen.

Also, go Gretchen! Losgelegt und losgelebt! Rein in die Vita kunterbunt – in ein Leben in Farbe. Selbstbestimmt und selbstverantwortet. Mit Gelassenheit und Zuversicht raus in das große Abenteuer Leben. Mal sehen, wo es als nächstes hingeht. Es gibt viel zu finden.

# Unterwegs in anderen Welten

### Freunde in der Fremde
Reisegeschichten aus aller Welt
Band 5695

Dieses Buch versammelt witzige, haarsträubende, Geschichten, die die Sicht auf die Welt verändern und Lust auf Reisen und Fremdes machen.

Markus Fix/Sarah Pendzich
### Radnomaden
Mit dem Fahrrad nach China
Band 5609

14333 Kilometer über die aufregendste Straße der Welt – mit dem Fahrrad! Ein Lesevergnügen ersten Ranges.

Richard Goodman
### Mein Garten in der Provence
Eine Geschichte über Sonne, Arbeit, Tomaten und Zucchini
Band 5760

„Altes Steinhaus in Südfrankreich zu vermieten": Der New Yorker Autor Richard Goodman liest die Anzeige und beschließt das zu tun, wovon wir alle träumen. Er zieht mit seiner Freundin nach St. Sébastien de Caisson.

Sibylle Thelen
### Istanbul – Stadt unter Strom
Gesichter der neuen Türkei
Band 3009

Mitreißend portraitiert Sibylle Thelen Künstler und Kulturschaffende, erzählt vom Spagat zwischen Traditionalismus und Moderne.

Jasna Zajcek
### Ramadan Blues
Wie sich eine Berlinerin, ein Leipziger und ein Jordanier aufmachen, den Nahen Osten kennenzulernen
Band 3010

Aus dem christlich–säkulären Berlin durch Osteuropa, über den Balkan und die Türkei dorthin nach Amman. Was ist fremd? Was ist Heimat?

**HERDER** spektrum

# Ein Jahr (wo)anders leben

Barbara Baumgartner
## Ein Jahr in Barcelona
Reise in den Alltag
Band 5823

Maria Rosaria Di Palo
## Ein Jahr in Montreal
Reise in den Alltag
Band 5832

Julica Jungehülsing
## Ein Jahr in Australien
Reise in den Alltag
Band 5818

Anna Regeniter
## Ein Jahr in London
Reise in den Alltag
Band 5741

Katharina Rutz
## Ein Jahr in Peking
Reise in den Alltag
Band 5962

Nadine Sieger
## Ein Jahr in New York
Reise in den Alltag
Band 5946

Andrea Thiele
## Ein Jahr in der Toskana
Reise in den Alltag
Band 5729

Cornelia Tomerius
## Ein Jahr in Istanbul
Reise in den Alltag
Band 5770

Silja Ukena
## Ein Jahr in Paris
Reise in den Alltag
Band 5742

**HERDER spektrum**